经销商与渠道管理

一本通

张荣举 ◎ 著

U0299441

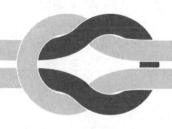

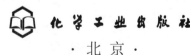

化学工业出版社

·北京·

内 容 简 介

渠道管理是销售管理尤其是快消品销售管理的核心。即使受到线上渠道的影响,线下渠道仍然占据着非常高的权重。在竞争越来越激烈的今天,提高渠道管理效能,降低管理成本越来越重要。《经销商与渠道管理一本通》介绍了渠道管理概述、销售力打造、渠道销售力的分解与落地、经销商开发、经销商管理、地推铺货、客户拜访、销售激励等内容,对渠道管理的各个模块进行了全面、系统的论述,并在运用技能上进行了专业的分析和落地指导。

图书在版编目(CIP)数据

经销商与渠道管理一本通 / 张荣举著 . — 北京:
化学工业出版社,2024.6
ISBN 978-7-122-45452-2

Ⅰ.①经… Ⅱ.①张… Ⅲ.①经销商－销售管理
Ⅳ.① F713.3

中国国家版本馆 CIP 数据核字(2024)第 078984 号

责任编辑:刘 丹
责任校对:边 涛　　　　　　　装帧设计:仙境设计

出版发行:化学工业出版社(北京市东城区青年湖南街 13 号　邮政编码 100011)
印　　装:大厂回族自治县聚鑫印刷有限责任公司
710mm×1000mm　1/16　印张 14　字数 200 千字　2025 年 1 月北京第 1 版第 1 次印刷

购书咨询:010-64518888　　　　　售后服务:010-64518899
网　　址:http://www.cip.com.cn

凡购买本书,如有缺损质量问题,本社销售中心负责调换。

定　价:88.00 元

前言

渠道管理，作为销售管理的基石，始终是营销工作的核心。在快消品领域，这一点的表现尤为突出。随着传统电商的崛起，以及抖音达人直播带货、小红书和哔哩哔哩等新兴平台的"种草"营销等线上渠道迅猛发展，线下市场似乎遭受了前所未有的冲击。然而，时至今日，线下渠道仍然稳占市场的重要席位，线上红利逐渐消退，新一代线上巨头亦开始寻求线下突破，与传统巨头展开新一轮的较量。

线下市场的竞争愈发激烈，对运营方式的专业化程度提出了更高要求。然而，众多企业在渠道管理上仍显粗犷，未能深入探索与运用专业技能。渠道管理方法的同质化问题严重，缺乏针对企业实际状况的定制化策略，导致渠道管理的有效性大打折扣。

不同渠道的特性与规律千差万别，其管理方式和营销技能的运用亦大相径庭。唯有实现管理的精细化和动作化（动作化是指将策略和计划转化为具体、可执行的行动步骤），渠道营销方能真正发挥实效。这不仅要求我们在各渠道营销专业技能上追求精细化和动作化，更需建立一套完善的运营管理、训练、激励和稽核体系，确保团队管理方法的有效实施。

《经销商与渠道管理一本通》旨在全面、系统地论述渠道管理的各个模块，从渠道管理概述、销售力的打造、渠道销售力的分解与落地，到经销商的开发与管理、地推铺货、客户拜访以及销售激励等，都进行了深入的探讨和专业的分析。我们力求为读者提供一套实用、落地的渠道管理方案，助力企业在激烈的市场竞争中脱颖而出。

　　然而，由于学识所限，书中难免存在疏漏之处。我们衷心欢迎读者提出宝贵的批评与建议，共同推动渠道管理理论与实践的不断完善与发展。

　　愿本书能成为您渠道管理之路上的得力助手，与您共同探索渠道管理的无限可能。

著者

扫码赠"打造渠道铁军"及部分表格

目

录

● **第一章　渠道管理概述** ……………………………………1

　　第一节　渠道管理存在的 4 个问题 ……………………2

　　第二节　渠道管理特点 ……………………………………6

　　第三节　渠道管理破局 ……………………………………9

● **第二章　渠道管理核心：打造销售力** ……………………13

　　第一节　传统渠道销售运行模式 ………………………14

　　第二节　KA 超市销售运行模式 ………………………19

　　第三节　餐饮渠道运行模式 ……………………………21

　　第四节　大客户销售（To B）运行模式 ………………25

● **第三章　渠道销售力的分解与落地** ……………………33

　　第一节　库存盘点与订货技巧 …………………………34

　　第二节　小店陈列动作与方法 …………………………38

第三节　促销工具与技巧 ……………………………………… 41

第四节　铺货拜访卡 …………………………………………… 47

第五节　餐饮渠道运作技巧 …………………………………… 52

● 第四章　渠道管理的基础：经销商开发 …………………… 57

第一节　成功开发经销商的关键因素 ………………………… 58

第二节　经销商开发流程：目标制定 ………………………… 60

第三节　经销商开发流程：访前准备 ………………………… 65

第四节　经销商开发流程：初次见面 ………………………… 73

第五节　经销商开发流程：后续跟踪 ………………………… 79

● 第五章　完成渠道任务：经销商管理 ……………………… 87

第一节　经销商管理的前提与核心 …………………………… 88

第二节　经销商管理工作流程 ………………………………… 92

● 第六章　渠道管理的重点：地推铺货 ……………………… 111

第一节　铺货工作的核心影响因素 …………………………… 112

第二节　铺货工作全流程之规划与准备 ……………………… 113

第三节　铺货工作全流程之店内动作 ………………………… 118

第四节　铺货核心技能详解：筹备与话术 …………………… 123

第五节　铺货核心技能详解：实战与预算 …………………… 135

● 第七章　渠道管理日常：客户拜访 ………………………… 143

第一节　客户拜访全流程 ……………………………………… 144

第二节　客户拜访路线制定 …………………………………… 148

● 第八章　营管部门如何做好渠道服务 ……………………… 151

第一节　营管核心技能 ………………………………………… 152

第二节　销售订单和发货流程管理 …………………………… 153

第三节　销售申请与追踪建立 …………………………………… 155

第四节　核销工作七步走 ………………………………………… 161

第五节　建立客户档案 …………………………………………… 166

第六节　销售行政性工作分担 …………………………………… 168

第七节　解决跨部门沟通难题 …………………………………… 170

第八节　制作渠道管理报表 ……………………………………… 173

◉ **第九章　渠道管理落地的关键：销售激励** ………………… 179

第一节　销售激励的原则 ………………………………………… 180

第二节　销售激励的核心内容 …………………………………… 186

◉ **第十章　渠道管理的保障：稽核** ………………………… 197

第一节　稽核的职责 ……………………………………………… 198

第二节　核心技能分解 …………………………………………… 201

第三节　制定工作流程 …………………………………………… 211

第一章

渠道管理概述

在初始的市场环境中，消费需求旺盛，对产品的需求迫切，中国企业在相对宽松的竞争环境下，只需满足"有"的基本需求，其销售模式简单直接。这一时期的渠道管理主要聚焦在寻找经销商、铺设终端渠道、确保铺货率、优化陈列管理，以及实施促销活动如搭配赠送、买赠等，便可轻松实现销售目标。

然而，随着科技的飞速发展，产品日益同质化，曾经有效的简单制胜模式被众多企业效仿，逐渐失去其原有的竞争力。现代渠道管理已经进化到一个更加专业和系统化的层面，要求企业以全局性的视角，构建高度系统化的策略，寻求独特的差异化优势组合，并持之以恒地执行，方能在激烈的市场竞争中脱颖而出。

为了在这样的环境中立足，企业必须深入洞察各类渠道的独特属性和需求，明确自身的优劣势和资源分布，进而采取比竞争对手更为精准和落地的运营策略。

从营销管理的视角来看，一旦为各个渠道设定了明确的销售目标，企业就需要探索实现这些目标的路径，并针对每条路径细化具体的工作内容和步骤。每个工作环节都涉及特定的技能和策略，这些技能和策略的组合与运用将最终决定渠道目标能否达成。

在渠道管理的维度上，当前企业的核心任务在于制定符合自身实际情况和发展方向的渠道战略，并依托自身的能力平台构建和优化渠道网络。这意味着渠道管理不仅是一个单一的职能，更是企业综合实力的体现，涉及战略规划、市场洞察、运营执行等多个方面的能力。

◉ 第一节　渠道管理存在的 4 个问题

营销部门的核心职责是围绕各类渠道展开细致的管理工作，渠道管理是销售管理工作的基石与灵魂。企业管理实质上是一个将复杂任务细化并分配给不同领域专家的过程，通过优化协同合作实现团队的高效运转。渠道管理同样遵循这一原则，它涵盖了诸多模块与技能，要求企业投入大量时间和精力进行精细化构建。

一、误以为人才是万能药

中小企业在渠道管理中常陷入误区，错误地认为依赖专业人才便能解决所有问题。然而，打造企业渠道管理能力平台需要时间和精力的投入，不能仅凭人才的力量。

某公司在过去的几年中频繁更换销售总监，每一任总监都带来了自己独特的管理方法，将前任的规则推翻，最终却都以离职告终。如今，公司又高薪聘请了一位所谓的营销"高手"担任销售总监。

这位"高手"到任后，如同之前的销售总监一样，开始实施自己的三板斧：会前鼓士气，喊国际范口号；重点突破，拿最好的位置做陈列；大幅促销。然而，他并没有深入了解公司的实际情况，只是简单地将自己过去在大企业的成功模式复制到这家公司，将不一致的做法全部推翻，并且没有尝试去转换员工的思想，只是简单地换人和裁员。

这种做法忽视了一个重要的事实：每个企业的自身条件、产品、资源都是不同的。用同样的方法折腾，不适合的企业只会越折腾越乱。结果，公司的营销陷入混乱状态，产品仍然卖不出去，经销商对公司的态度也越来越冷淡，要求更多的资源。最终，这位"高手"也跳槽离开了公司。

如果企业长期陷入这种反复更换营销人才的困境，而不能从根本上做出改变，那么它将无法走出困境。企业需要重新审视自己的营销策略，找到适合自己的方法，而不是盲目地依赖所谓的"高手"和成功经验。同时，企业也需要重视员工的培训和思想转换，建立稳定的团队，才能真正实现可持续发展。

二、没做到六力协同作战

渠道管理的成功，依赖品牌力、产品力、促销力、销售力、激励力和策略力的综合运用。其中，品牌力和产品力的塑造虽然重要，但它们更多是渠道管理之外的因素，而销售力、激励力和策略力的打造则直接构成了渠道管理的核心。

一个成功的渠道管理并非仅仅依赖某几个因素的突出表现，而是需要这六力的协同合作，以及它们对外界环境变化的灵活适应。这也是许多企业在渠道管理中难以取得成功的主要原因。

值得注意的是，品牌力、产品力和促销力的提升并非一蹴而就，需要长时间的积累和投入。因此，在渠道管理中，管理人员必须着重从销售力、激励力和策略力上寻求突破。特别是策略力方面，打造专业的销售模式、培养专业的销售团队显得尤为重要。

企业应致力于探索与众不同的销售模式，确保在执行市场动作时能够依靠专业、精深的技能超越那些缺乏专业性的竞争对手。这种对专业性和细节的追求，将有助于企业在激烈的市场竞争中脱颖而出。

当然，如果品牌力足够强大、产品力超群且资源充足，那么无论企业规模大小，都有可能抓住机遇，实现成功，但这样的条件往往难以同时具备。

在现实中，强大的品牌力和产品力，配合充足的促销资源，确实能给渠道客户带来巨大的利益，从而提高他们的配合度。然而，对于中小品牌而言，由于其品牌力和产品力的相对不足，渠道商的配合度也往往一般。在这种情况下，如果中小品牌仍然采用与其他企业相同的方法，而不去深入研究渠道管理的专业细节，不努力提高团队的渠道专业技能，那么最终可能会陷入高度同质化的竞争模式，失败也就在所难免。

三、渠道管理流于表面

许多企业已经意识到过度依赖单一人才的局限性，因此开始热衷于构建完善的渠道管理制度和流程以及打造高效的管理平台。这些平台和制度旨在整合并发挥每位人才的优点和专长，以提升整体运营效率。然而，当我们仔细比较不同企业的管理制度和流程时，会发现它们之间存在高度相似性，这似乎又让企业陷入了一个新的误区。

特别是对于许多中小企业而言，他们的销售管理仍然停留在较为粗放的经营管理阶段。以招商工作为例，尽管企业已经组建了专业的招商团队，并制定了相应的招商政策，但这些政策往往缺乏创新性和独特性。更为关键的是，企业在实际操作中往往忽视了深层次的战略思考。他们是否真正考虑过：这套运作方案是否足以确保该区域的成功？产品最适合在哪类市场中销售？如何准确描述产品定位的市场空间？竞品具备哪些优势？产品上市后如何有效解决销售回转问题？市场的潜在容量有多大？是否有可靠的样板数据来支持这些决策？

这些深层次的因素才是决定企业成功与否的关键。如果企业只是停留在表面的工作，而没有对这些核心问题进行深入的思考和规划，那么最终的结果往往不言而喻。

四、制度和流程与渠道模式脱节

现代企业普遍依赖销售管理制度和流程作为其管理基石。这些制度和流程往往是经验的累积或是对行业领先企业的模仿。随着时间的推移，管理者不断将各种想法和策略融入其中，使其变得日益完整和严密。然而，这种看似完美的制度和流程在实际运行过程中却经常遭遇落地难的问题。

造成这种情况的主要原因是制度和流程与实际的渠道模式之间存在严重的脱节。每个企业的资源和竞争优势都是独特的，这导致它们在构建渠道模式时会有所不同。有些企业采用市场精耕细作的策略，将促销资源和销售工作聚焦于终端客户；而有些企业则选择代理制，将更多资源和工作放在代理商身上，由代理商来主导销售；还有一些企业可能会结合这两种模式。

由于渠道模式的不同，企业的市场运作方式、流程和制度也应有所不同。然而，很多企业在制定制度和流程时并没有充分考虑自身的渠道特点，导致这些制度和流程在实际操作中显得不实用，甚至与企业的业务需求背道而驰。

为了解决这个问题，企业需要重新审视其渠道模式，并根据自身的资源、能力和竞争优势来制定适合的销售管理制度和流程。此外，企业还可以聘请高水平的管理人员，他们可以利用自己的专业知识和经验来优化和完善企业的渠道管理平台，从而确保制度和流程能够更好地服务于企业的战略目标。

◉ 第二节　渠道管理特点

渠道管理，作为一个综合性的管理领域，涵盖了技能培养、模式构建、流程优化、薪酬激励设计、岗位设置与人员编制、作业指导书的制定、职责明确以及规章制度的建立等多个方面。深入学习和理解渠道管理，是为了确保渠道能够以高效、自动的方式运行，为企业带来持续的价值。

一、渠道模式是核心

渠道模式是渠道管理的核心之一，但在构建管理体系时，往往被许多传统企业忽视。

（一）渠道模式的重要性

渠道管理最根本的目的是实现关键销售指标，这需要整个团队的有机协调。为实现这一目标，必然要有正确的工作方法，其中包含对关键技能、工具、步骤、动作、话术等的独特要求。这些内容的组合，便构成了渠道模式。

渠道管理的首要任务是找到每个渠道的核心管理模式，然后围绕这一核心模式构建管理体系和匹配技能。离开具体的技能和模式要求的管理是无效的。每个企业的资源、优劣势不同，决定了其渠道模式和技能的不同。虽然本书所讲述的技能涵盖了大多数要素，但品牌力强的企业与品牌力弱的企业在使用时的侧重点会有所不同。

（二）渠道模式的本质

许多企业的渠道管理工作并未细化到最终起作用的动作级别。以销售人员的客户拜访管理为例，许多企业会按照路线、频率或级别进行拜访。具体到每个客户的拜访工作，大多数企业会分解为客情维护、了解产品销售情况、了解回转情况、了解陈列、了解铺货、沟通促销、库存盘点、下订单、回款、了解竞争环境、客诉处理等工作。尽管企业能做出这些工作要求已经很不错了，但真正的挑战在于如何使销售人员做好每项工作。例如，他们应该说什么话、做什么动作、使用什么方法和工具等。从销售人员的这些具体表现中，我们可以判断其技能水平。

例如，要了解代理商的产品销售情况，许多销售人员只是简单地了解销售总额或与代理商沟通各产品的销售情况。实际上，应该从产品、渠道、区域三个维度进行全面了解，如产品的销售业绩、结构是否合理、哪些销售区域出现异常、异常的原因是什么、是否受到竞品的攻击、攻击的方式是什么等。然后，需要细化如何进行这些工作，如调研搜集信息、调取数据、与客户（经销商、团队、零售商、本/竞品一线销售团队）面谈、去销售现场观察、走访、记录、分析等。

将工作分解到这个程度后，可以总结出具体的模式，并将其标准化、平台化，这是客户拜访管理的技能化分解。如果仅仅依靠业务人员自己来提高这些技能，不仅时间长，而且效率低。因此，渠道模式的形成更多地依赖企业构建自己的技能平台，利用这一平台提高销售团队的工作效率和业务能力。

二、渠道模式决定流程

当渠道的模式与技能要求确定后，销售工作就有了步骤与次序之分，将每项工作的次序和步骤完美地结合起来，就形成了流程。

这些次序有先后次序、并行次序、循环次序、资源不足的强制取舍次序等，以保证工作的先后逻辑、重要度取舍、时间效率和决策效率等。当按照以上方式细分销售人员的工作和先后次序后，每项工作与其他工作及公司总部的销售管理、产品管理、促销管理、客情管理、订单管理等工作相关联，从信息调查收集、补充、反馈、分析、结果流程转向销售各类决策等工作，形成各自的流程。

三、渠道模式决定岗位要求

渠道模式和流程制定好后，就可以根据工作量大小、职能大类、工作位置等因素制定岗位、确定编制。每个岗位的工作模式和流程配合要求等构成了岗位的作业指导书和职责要求。

为了鼓励渠道模式的正确运行和高效配合，企业应针对渠道模式中的重要核心点制定出团队薪酬权重占比和KPI考核，并适当做出达成或未达成的管理性奖惩机制，这是企业必须要做的工作。

四、规章制度是保障

规章制度在保障模式、流程的正确执行方面发挥着重要作用。针对以上模式、流程、岗位、职责等内容制定的渠道管理细则要求，以及按照或不按照细则行事的奖惩条例，共同构成了企业的渠道管理规章制度。这一制度有助于渠道管理工作的顺利推进。

当渠道模式和流程确立后，意味着工作中有些事情是必须做的，有些则不必做，有些应优先处理，而有些则可以延后处理。如果仅凭个人感觉和经验来进行工作，最终的结果可能并不符合上述要求，因为每个人的做法和理解都可能存在差异。规章制度的设立，正是为了引导员工按照既定的模式和流程来开展工作，确保工作的有效性和高效性。

五、随战略而变化

渠道战略是根据渠道竞争环境、企业优劣势和目标做出的选择性方案，渠道模式则是确保企业战略落地的核心手段。

各岗位的要求、作业指引是由各渠道的核心工作模式和流程决定的，渠道模式随着渠道的竞争优劣势、环境、战略的变化而变化时，岗位的职责、作业指导书、KPI也都随之更新。

如果岗位职责、作业指导书和KPI不能随着渠道模式的转变而灵活调整，团队将失去有效的行为指导，考核体系也会变得僵化。这不仅会抑制团队成员的积极性和创新能力，更可能导致整个团队的工作无法与企业的市场策略和经营行为保持同步，从而错失市场机遇，甚至给企业带来经营风险。

◉ 第三节 渠道管理破局

管理观念的变革是渠道管理变革的前提条件。不同的管理观念会引导出截然不同的渠道管理方式，进而直接影响管理效率和最终产出。企业的渠道管理变革首先起于观念变革，观念不能达成一致，任何渠道管理的尝试都不会成功。

一、传统管理观念须变革

从图 1-1 可以看出，在传统观念下，各部门忙于内部工作，目标都是将自己的工作做到最好，部门壁垒严重、部门政治盛行，协同极差。

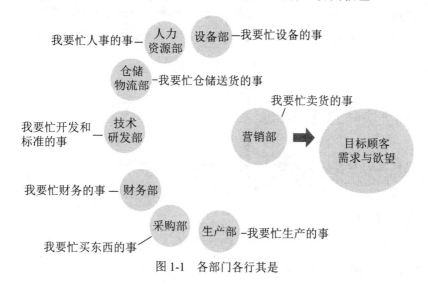

图 1-1 各部门各行其是

结果：各行其是，一盘散沙。

还有一种情况是全民营销，每个部门都以顾客为中心，以自己的理解服务顾客，如图 1-2 所示。

图 1-2　各部门不交流

结果：杂乱无章，每个部门都按自己的想法去满足顾客，每个部门的想法各有不同，却都认为自己的想法是正确的，于是互相指责，浪费了大量的人力、物力。

渠道管理本应该站在满足顾客、击败竞争对手的最前线，但是在以上这些传统的管理理念下，渠道管理会受到企业各职能部门的制约，无法走向正轨。

二、高度协同的管理观念

以顾客为中心是公司渠道管理的核心，围绕这个核心，每个部门的工作都应有其专业性，这样工作才会产生价值。现代企业正是建立在专业性之上的高度协同系统。

营销部门说："挖掘顾客需求，确定定位、发展产品概念，并制定出满足其需求的产品属性，是我的事。"

技术部门说："严格开发出产品，满足营销部门制定的产品属性是我的事，因为这样才能满足顾客需求。"

生产部门说："严格生产出技术部门根据营销部门制定的产品属性开发的产品是我的事，因为这样才能满足顾客需求。"

设备部门说："严格维护设备，满足生产部门实现生产和营销部门制定的产品属性是我的事，因为这样才能满足顾客需求。"

采购部门说："严格采购，满足营销部门制定的产品属性的原辅料（等级、品质、成本）是我的事，因为这样才能满足顾客需求。"

财务部门说："为支持营销部门为了满足顾客需求和竞争需要所做的财务性工作是我的事。"

人事部门说："为支持营销部门为了满足顾客需求和竞争需要所做的人事性工作是我的事。"

结果是：统一高效，没有资源浪费。

只有树立这样的管理理念，各部门才能以顾客为中心，建立真正的高效协同系统，渠道管理才能走向正轨。

三、渠道管理三阶段

渠道管理的成功，不仅仅是单独做好渠道本身的工作，还要依托公司的全局管理。一家企业的成功需要具备很多因素，包括六力合一主导的渠道管理，以及目标、战略、费用管控、产品推广、产品定位、研发、生产、品控、采购、人力资源、行政、仓储物流等要素。这些都是企业赖以生存、发展和壮大的核心要素。只有这些要素和谐、顺畅地运转，企业的运行才能进入良性轨道。

渠道管理是跟随企业的销售需求一步步建立的，最忌大而全、一哄而上。渠道管理可以分为三个阶段：基础阶段、次级阶段和终极阶段。

（一）基础阶段的破局点

企业的成功首先要有产品的成功售出。缺乏这一支撑，企业难以持续经营。因此，确保产品能够成功售出的因素，如产品力、促销力和销售力，构成了企业基础阶段的破局点。此外，有效的费用管控也是确保企业盈利的核心。只有当销售带来的利润能够覆盖运营成本，企业才能实现健康的增长。

以华为为例，1993 年的 C&C08 这一产品，为早期的华为带来了高额的利润和巨大的市场份额，为其后续的发展提供了坚实的支撑。华为迅速复制这一成功模式，通过构建"铁三角"销售团队，实现了市场的快速扩张。

在销售力上，华为打造了"铁三角"作战模式，针对渠道客户的特性，将渠道管理六力中的产品力交由研发部门出身的专业人士展现，大客户关系打造和维护、对接交给专业客户经理负责，交付由专门的交付团队负责。"铁三角"的渠道管理模式，让华为不断强大。

（二）次级阶段的破局点

在产品销售得到保障后，企业需要构建更为稳固的防线以支撑其持续发展。这一阶段，渠道管理中的策略力、激励力以及产品定位和目标战略变得尤为重要。

策略力要求企业从全局视角调用资源，迅速占领市场，并将单点的成功复制到更广泛的市场，从而推动企业的规模化发展。而激励力的运用，能够确保销售团队保持高昂的斗志，为企业创造更多的价值。

产品定位的精准开发，有助于企业持续推出具有市场竞争优势的产品，避免过分依赖单一产品而陷入困境。目标战略则要求企业从行业和公司的全局出发，合理配置资源，确保企业能够在激烈的市场竞争中脱颖而出。

（三）终极阶段的破局点

当企业在市场中占据领先地位时，便可以着手打造强大的品牌力和完善的管理体系。品牌力的管理极其复杂，将其放在终极阶段，并不意味着前期不去使用。因为品牌力的核心就是优先撷取最重要的组成部分，把一些次要的因素放到具备资源和精力的阶段去打造。

同时，管理的规范化也是这一阶段的关键任务。通过完善规章制度、优化流程以及制定明确的奖惩制度，企业可以确保内部运营的高效和稳定，为未来的持续发展奠定坚实基础。

第二章

渠道管理核心：
打造销售力

销售力是渠道管理的核心要素之一，是在实际市场运作过程中击败竞争对手的关键力量，包含了不同渠道的独特业务模式、团队综合技能打造。每个企业的业务模式不同，分解出的核心工作和技能也不同，本章的论述只涵盖了其中一小部分。下面通过这些案例来解析业务模式，从而帮助企业建立一套适用于自身的渠道管理体系。

我们将 To B（面向企业）与 To C（面向消费者）的销售分开陈述。To C 的销售分为传统渠道（TT，Traditional Trade）、现代渠道（MT，Morden Trade）和餐饮渠道（OP，On Premise）。这三类渠道的运作规律、运作方式和技能侧重均有所不同。渠道运作遵循营销的基本规律，直销和通过渠道销售的区别是客户的购买行为决策点不同。

下面将分别介绍这三类销售渠道，其中 MT 渠道中的 KA（Key Account，直译为关键客户，这里指大型连锁）超市是渠道内各品牌的必争高地，KA 超市运作很大程度上决定着品牌能否成功，因此，本书仅介绍 MT 渠道中的 KA 超市渠道。

◉ 第一节　传统渠道销售运行模式

一、传统渠道运作规律

传统渠道是重要的消费品渠道之一，散落在广大城市、乡镇、农村的小微店铺，承担着将民生产品运输到消费者手中的重任。传统流通渠道即使受到现代渠道和线上经济的剧烈冲击，仍然是不可替代的重要渠道之一。

第一步：寻找流通渠道的运作规律，如图 2-1 所示。

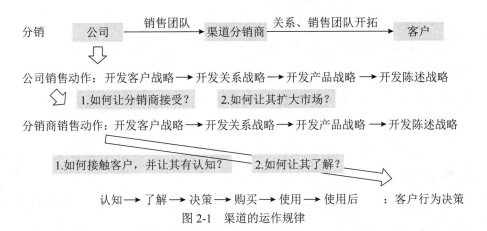

图 2-1　渠道的运作规律

传统渠道从最初的公司、代理商、批发商（批发市场）、零售店铺、消费者四级通路，经过多年演变，除了少部分不发达城市、乡镇的批发市场还在发挥作用，其他缩减为公司、代理商、零售商、消费者的三级通路。

决定渠道运作成功的三大因素是：客户的终端有购买，终端零售店、经销商、公司有利润，产品有竞争。

流通渠道传统店铺的运作规律如图 2-2 所示。我们可以看出，流通市场的运作思路是先满足客户的需求，再满足零售店的需求。

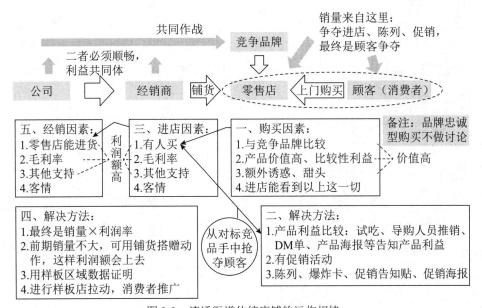

图 2-2　流通渠道传统店铺的运作规律

（1）企业的成功与否取决于在终端顾客购买环节是否有销量。存在于经销商库房和零售店货架上的产品并没有真正售出。在终端购买环节，顾客购买是在竞争性的环境中产生的，给予顾客一个比竞争品牌更能满足其需求的理由是关键。这里涉及与竞争品牌比较产品力、品牌力和价格（促销力、额外的诱惑）等方面，会用到产品利益的传递行为，如试吃（用）、销售技巧、DM单（印刷彩页）、产品海报，做好陈列、爆炸卡、促销贴、促销活动海报等辅助行为或物料。

（2）只要有证据表明产品能被顾客购买，保持足够的毛利率，终端零售店进货的意愿就没有太大问题，如果有良好的客情做铺垫，零售店进货则顺理成章。有证据表明，产品能被顾客购买，可能需要提供样板店或在售门店的销售数据。

（3）有证据表明，经销商的进货意愿与有零售店进货、有足够的毛利率和有良好的信任关系有关。这个证据可以是其他区域或门店的销售数据，也可以是经销商铺货后的实际收益。

二、分解出核心工作

在小型零售店，大品牌主要靠品牌力吸引消费者购买，只要加大渠道的促销力度，确保产品铺货进店，加大资源做好重要门店的陈列、广告宣传，企业的产品就能顺利销售。

而中小品牌却不同，中小品牌没有强大的品牌力，靠品牌力来占领市场份额是不可能的，广告宣传的作用也是微乎其微。因此，品牌和产品带来的拉力非常弱。没有额外的拉力，消费者是不会购买的。消费者不购买，销量上不去，中小品牌早晚会被店铺淘汰，给再多的渠道促销都没有用。

因此，中小品牌只能靠产品力和促销力来弥补，覆盖店铺的消费者促销比渠道促销更重要。但很多中小品牌往往不加甄别地学习大型品牌的做法，舍本逐末，那么溃败是早晚的事。

（一）大品牌流通渠道核心工作

如果企业有资源，有品牌力，且产品力高，那么企业将产品放到店内，做好陈列，就已经成功了一大半。企业可以借鉴可口可乐、康师傅、娃哈哈的通路精耕模式。例如，企业可以加大经销商和零售店的搭赠（搭配赠送的简称）促销力度、广告投放，让产品进入店内，安排销售人员分级别拜访、陈列、引单、维护经销商和流通渠道店铺的客情等，不需要太多的消费者促销活动，靠品牌力和产品就能保证产品的回转。

另外，大型企业也会针对不同级别的市场（品牌力、产品力有极大差异）采用不同操作。

（二）中小品牌流通渠道核心工作

中小品牌的流通渠道工作很难像大型企业那样开展。品牌力和产品力不足，导致产品进店很困难，进店后回转也难，企业也不可能组织团队去做引单、陈列（人效太低、管理能力不足等原因）。因此，要根据流通渠道传统店铺的运作规律和企业的资源、优势，有选择地进行几项重要工作，做到产品能进店，还能卖出去。

例如，一家企业的品牌力一般，产品力尚可，这家企业的流通渠道传统店铺运作需要打通经销商通路环节、零售商通路环节、消费者环节，最终起决定作用的是消费者环节。打通经销商通路环节和零售店通路环节的目的是进行消费者环节的动作。

1. 加强终端顾客促销抢夺

在运作流通渠道传统店铺方面，很多中小企业仍沿用给予经销商、零售店铺搭赠的方式，寄希望于将产品送进传统零售店，最多再配上城区的零售队伍，学习可口可乐、康师傅等企业进行拜访、引单。

可口可乐、康师傅等企业之所以能成功，是因为其品牌拉力强，产品被铺到店里后，消费者会自行购买。这些企业资源可以采取紧密控制终端的方式管理，经销商确实是渠道的搬运工，即便是大品牌，如康师傅，在初期仍然策划了大量的消费者环节的促销来拉动产品销售。

而中小企业很难做到这一点，品牌拉力不足，使得产品很少被问津。倘若产品力和价格有优势，还能自行回转，否则便会出现产品无人购买的情况，导致品牌最终退出市场，留下一堆疑难问题由经销商和零售店来"买单"。

中小企业要想占据重点市场，就要强化终端顾客抢夺这一环节，树立标杆市场，并调动终端店和经销商的兴趣。大幅减少经销商搭赠方式，增加针对流通渠道传统店铺的促销（如畅销品、新品有较大搭赠），同时加强在终端消费者环节的促销投放。但在执行层面，大规模在小店做特价活动是无法实现的，在实际操作中，如果用捆绑方式，则每个人的工作效率都会极其低下，耗时耗力，经销商和团队对此较为抵触。

企业可以采用贴促销贴的方式，事先在每个产品上贴促销贴，将赠品交给店铺；或者采用包装内促销方式，用促销外包装将产品与赠品包装在一起，在促销外包装上注明促销活动方式。A 类 ❶ 小店还可以采用特价、买赠、人员促销等方式，B 类、C 类小店无法进行特价类促销、贴促销贴式的促销。

因此，与经销商的合作前提是其必须执行零售店环节市场工作（铺货、送货、陈列、回转等）和消费者环节市场工作（促销、试吃、试用、认知教育等），若不执行这些工作，经销商就没有存在的意义。

这里需要强调一种情况，经销商一般都有一些关系很紧密的核心门店，如果中小企业产品力较强，那么企业运用这一优势强行进入核心门店，产品便会自行回转，获取一部分销量。在这种情况下，企业优先的选择是不断开发新的经销商，获取市场量。

2. 联合铺货

经销商的职责之一是把送货服务做好，同时还有铺货的职能，但现实情况是绝大多数经销商很难把铺货执行得很好。因此，企业可以与经销商联手铺货，提升铺货率，过段时间铺货率下降后，再联手铺货。

---

❶ 小店的 ABC 分级是按照门店的经营面积和地理位置优越性划分的，还可以参照门店在公司销售额的占比排名或者门店整个产品类别销售额高低。例如：30～50 平方米为 A 类店，20～30 平方米为 B 类店，20 平方米以下为 C 类店。当然，行业不同，具体面积标准也不同。

三、定核心技能

任何市场类工作的技能设计都必须极简化，经销商团队和企业团队理解和执行起来简单明了。

（一）品牌力强的企业

品牌力强的企业一般具备的技能包括库存盘点技能、订货技能、爆炸卡和海报的写法和训练技能（核心技能）、通路促销的分解式核算技能、开发技能（核心技能）、促销告知函的书写技能（核心技能）、DM 单的设计技能（核心技能）、客户拜访管理技能。

（二）品牌力弱的企业

品牌力弱的企业需要加强以下技能。

（1）铺货技能，是最核心的技能。不断安排铺货，并将其作为战略级的动作。因为经销商的铺货和送货服务很难做全面，公司利用团队进行大铺货，一个月或两个月完成一个轮回，可以弥补经销商工作的不足。使用上述方法耗费 3~6 个月，能打造出一个团队和一套流水线训练模式。

（2）制作并使用铺货拜访卡。

（3）A 类小店需加强特价、买赠、人员促销技能；B 类、C 类小店需加强促销贴张贴技能。

（4）陈列调整技能。要专门建立团队，训练出一支专业陈列队伍。

◉ 第二节　KA 超市销售运行模式

一、KA 超市渠道运作规律

如图 2-3 所示，KA 超市的运作可以通过公司直接运作，也可以通过代理商运作。

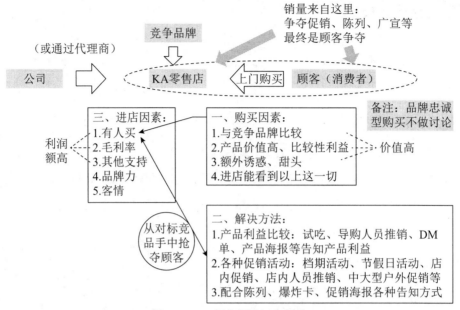

图 2-3　KA 超市渠道运作规律

与传统流通渠道店铺运作的不同之处在于，在传统流通渠道，由于店铺都是独立个体，规模较小，数量众多，针对单店进行促销操作的成本比较高。而大型超市规模大，很多都是连锁规模，促销操作便利，销售额高。

在超市系统，可以针对顾客进行一系列各种形式、长 / 短期的促销推广活动，培育消费者认知，促使其产生长期购买行为。

二、分解出核心工作

对于各类品牌企业来说，分解核心工作的规律是一样的，但是在市场的具体操作上，其工作的侧重点有所不同。

（一）品牌力强的企业

对于大型品牌来说，产品只要能陈列出来，顾客就很容易购买。大型企业通常陈列在最好的位置，并且花费大量的资源去购买各种特殊陈列，如端头陈列、堆头陈列等，再加上一些常规的促销活动，顾客自然会购买。

（二）品牌力弱的企业

对于中小品牌来说，品牌力比较弱，消费者对于产品的认识不足，资源比较短缺，且不能像大型品牌一样购买各种资源。中小品牌的市场运作必然要采取与大型品牌不同的方式。

三、定核心技能

核心工作分解完成后，核心技能主要涉及关系打造和谈判技能、陈列技能、常规促销活动技能（特价、买赠、信息告知、人员推广和户外活动推广）。

（1）品牌力强的企业，其产品力也强。只要做好陈列、促销活动和促销活动信息告知即可。品牌力强的企业一般具备客户谈判和关系维护技能、促销安排技能（包括档期促销、节庆促销、日常促销、店内促销、户外大中小型促销活动、产品推广等）、陈列技能（正常的货架陈列、堆头及特殊陈列抢夺等）、订货技能、广告宣传技能、人员理货技能、建立促销督导管理模式的技能、爆炸卡和海报的设计（核心技能）、促销策划的技能（核心技能）、推广物料的设计（核心技能）、客户拜访管理技能。

（2）**品牌力弱的企业要努力加强品牌力和产品力的推广，这是其与品牌力强的企业最大的区别。**

除了大型品牌具备的上述技能，品牌力弱的企业还应特别注重产品力推广和人员的促销，需额外加强的核心技能有试用（试吃）卖货技能（最核心的促销技能）、品牌和产品核心利益的传播技能、启动户外推广的技能、户外推广的现场安排技能、DM 单的设计技能。企业掌握这些技能，产品卖点和品牌卖点才能有效展现。

◉ 第三节　餐饮渠道运行模式

餐饮渠道类型复杂，涵盖了将餐饮门店前厅和后厨产品送到消费者手中的流通全过程。

一、餐饮渠道运作规律

消费者直接使用的产品（如酒水、饮料等），与经厨师加工的产品（如米面粮油、调味品）的销售运作模式是不一样的。

（一）调味品餐饮渠道运作流程

米面粮油、调味品等由于涉及餐饮门店的菜品加工环节，所需种类繁多，多为"一揽子"集中采购，目前主要是通过餐饮批发市场的批发商渠道供货。各类城市都有大量餐饮批发市场，市场内大量的批发商供应种类齐全的各类餐饮门店用品。

对于很多餐饮产品来说，做好餐饮批发市场的营销至关重要。

如图 2-4 所示，流通餐饮批发市场的运作需要打通经销商通路环节、批发商通路环节、餐饮门店环节。

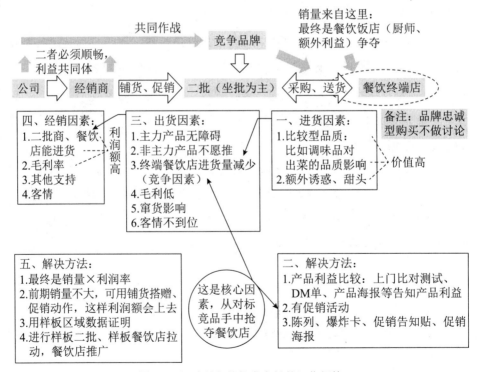

图 2-4　调味品餐饮批发市场的运作规律

（1）餐饮批发市场的运作规律与流通市场类似，一家企业能否成功取决于产品在终端餐饮店进货环节是否有销量。在经销商仓库和批发商仓库里的产品并没有被真正地售出。

（2）餐饮门店除了酒水、饮料等顾客直接购买使用的产品，米面粮油、调味品等产品必须经过厨师加工，做成美味可口的饭菜，提供给顾客食用。

厨师认为使用哪个品牌的产品能够让其做出好的饭菜，决定了这家餐饮店要购买的品牌。而饭店的采购决策人员，在成本的控制上具有决定权。

在餐饮门店购买环节，顾客购买行为是在竞争性的环境中产生的，如何给予顾客一个比竞争品牌更能满足其需求的理由是关键。这里涉及与竞争品牌比较产品力、品牌力和价格（促销力）。

这里会用到产品利益的传递行为或物品，包括现场比对菜肴测试、销售技巧、DM单、产品海报；促销活动还要做好陈列、爆炸卡、促销贴、促销活动海报等辅助。

只要有证据表明产品能被餐饮门店购买，能够保持足够的毛利率，批发商进货的意愿就没有太大问题。如果有良好的客情做铺垫，进货便顺理成章。

（二）酒水类餐饮渠道运作流程

酒水类餐饮渠道的运作规律，符合餐饮店场所消费的夜场、即饮类餐饮店等封闭通路，以及消费者去烟酒店、超市、便利店等购买的自带酒水两大类通路运作规律，如图2-5所示。

酒水、饮料的操作模式与消费品渠道类似，主要是通过代理商或分销商等配送到餐饮门店，少部分通过餐饮批发市场的批发商进货。

烟酒店、便利店、超市的运作与流通渠道传统店铺、KA店运作模式相似。

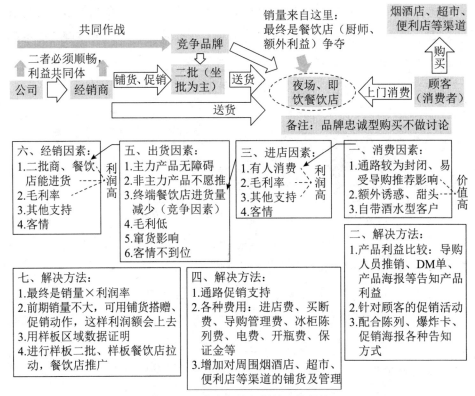

图 2-5　酒水类餐饮渠道的运作规律

二、核心工作分解

（一）品牌力强的企业

大型品牌铺货率高，餐饮饭店接受度高，只要做好客户拜访、关系维护、陈列和促销活动即可。

（二）品牌力弱的企业

中小品牌面临的难题是品牌知名度不高，餐饮店不知晓也不认可其产品。因此，中小品牌在餐饮渠道除了做好铺货，给予代理商、批发商、餐饮门店较大的促销力度，使其将产品陈列出来，还要做好中端餐饮门店的产品推广。

米面粮油、调味品等行业在终端餐饮店，可以选择与代理商一起进行集中"扫街式"铺货活动，通过使产品先行进入终端餐饮门店，反向拉动批发商进货与出货。

企业可以选择拜访终端餐饮店，通过与厨师做好本产品的菜肴比对测试，让厨师对公司产品做出正确的判断；还可以通过与当地厨师学校、烹饪协会等做联合试用促销和菜肴设计大赛等，提高产品影响力，让厨师选择自己的产品。

三、定核心技能

（1）大品牌的核心技能包括：经销商和批发商铺货及关系打造技能、举办针对批发商的促销活动技能、批发商和流通小店陈列调整技能、盘点技能、订货技能、客户拜访管理技能。

（2）中小品牌除了要具备大型品牌的上述技能外，还要额外增加举办针对批发商、餐饮门店的促销活动，并特别加强通路促销的分解式核算技能（核心技能）、DM 单的设计技能（核心技能）、爆炸卡和海报的写作技能（核心技能）、促销告知函的书写技能（核心技能）、比对菜肴测试技能（核心技能）、餐饮门店的扫街式铺货技能（核心技能）、导购卖货技能等。

◉ 第四节 大客户销售（To B）运行模式

To B 销售与 To C 销售有很大区别。To C 的销售过程是打通经销商渠道、做好铺货、做好陈列、顾客自行购买，中间最多再有促销员个人向顾客销售这一环节。To B 销售则以销售人员向特通客户推荐购买为主，也就是以推销为主。

一、寻找 To B 运作规律

（一）客户痛点解决方案

很多人认为，To B 销售只是将产品销售给客户，至于客户怎么使用，他们不太关注。但是，To B 销售方案的真正挑战并非产品，而是如何解决最下游使用方的痛点以及往回层层逆推的供应链关联方的综合痛点。

To B 销售分为两种类型：一种是通过渠道商和分销商销售给终端客户，客户痛点包含渠道商、分销商以及客户的所有关联痛点，痛点解决方案如图 2-6 所示；另一种是公司销售给 B 端客户，B 端客户生产出其自有产品，再卖给其下游客户（C 端），客户痛点包含 B 端客户以及下游 C 端客户的所有关联痛点，痛点解决方案如图 2-7 所示。图 2-6 和图 2-7 中的每一个方案对应一个客户痛点。所以 To B 销售的难点是确定包括渠道商、分销商、B 端客户直至 C 端客户在内的所有工作痛点解决方案。

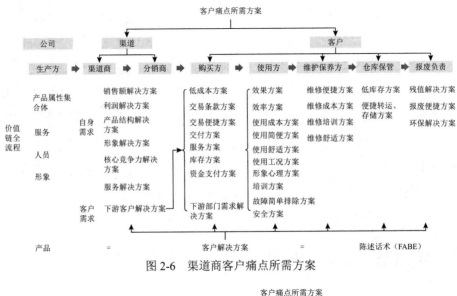

图 2-6 渠道商客户痛点所需方案

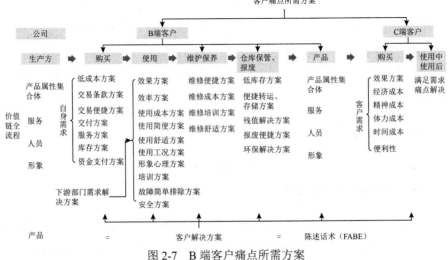

图 2-7 B 端客户痛点所需方案

企业了解各类痛点后，才能更好地将客户分类分级，针对不同类型的客户制定出不同的解决方案，圈定不同的竞争对手，制定客户开发战略。

（二）To B 销售的四大维度

To B 销售应着眼于四大维度：客户关系打造、产品解决方案、开发新客户、现场销售陈述。

客户不会凭空产生，即便是老客户，也有可能因为各种原因流失，因此，开发新客户是 To B 销售的核心工作之一。打造良好的客户关系是 To B 业务的核心，没有客户关系就没有交易的发生。打造客户关系的目的在于获取客户的信任，进而用产品为其提供价值，因此销售人员必须成为产品解决方案专家。

只有不断与客户交流和沟通，才会使客户了解到产品给其带来的价值和利益，因此现场的交流和沟通的质量尤为重要。

二、分解出核心工作

To B 销售有很多核心工作，这些工作都是销售成功的决定性因素。企业可以根据自己在核心工作上的优劣势制定合适的策略。

（一）制定客户痛点解决方案

制定客户痛点解决方案是销售工作的核心和根源，企业应着重打造客户调查、客户分析、方案制定等方面的能力。

（二）关系打造

企业要把握双赢的思维打造、职业形象打造、道德标准打造、卓越的人际关系打造。

（三）销售人员一定要精通产品解决方案

要想成为产品方案专家，销售人员应做到以下方面。

第一，要非常了解产品，了解公司，了解竞争对手及其产品。

第二，要了解产品带给客户的具体利益，用利益来描述产品价值而不是仅仅用特征。也就是说，要学会用 FAB 话术（产品特征—优势—利益）来进行销售陈述，同时要提供可视化的证据来证明自己说的话。

（四）开发新客户

首先，了解客户的购买行为方式；其次，了解客户的需求。

老客户可能会有所流失，只有不断开发新客户，才能确保有足够数量和质量的客户。开发新客户要有开发渠道和来源，确保新客户不断增加，这是一项长期工作。客户并不会因为一次拜访就产生购买行为，因此要保证对每个客户有足够的拜访量。开发新客户的方法和思路可先了解阜式转轮和销售漏斗两个理论，如图2-8、图2-9所示。

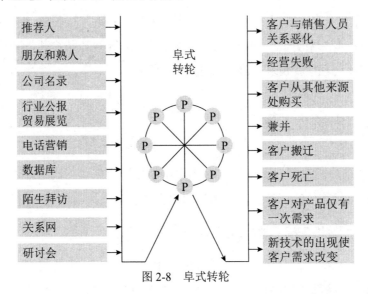

图 2-8　阜式转轮

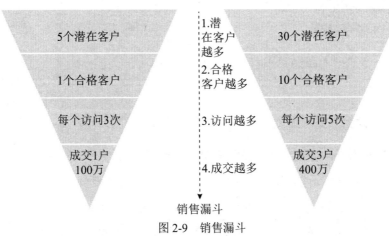

销售漏斗

图 2-9　销售漏斗

1. 日常有计划地增加客户

（1）提高登上阜式转轮的客户数量。

（2）提高登上阜式转轮的客户质量。

（3）快速确认合格的潜在客户：具备购买需求、购买能力、购买权力。

2. 鉴别潜在客户是否合格

很多销售人员最大的失误是没有把控潜在客户的质量而造成了一次次无效拜访，To B业务的销售非常耗费时间和精力，因此，在拜访客户前，销售人员要确保潜在客户的质量：有真正需求，有购买能力，被拜访人员有权力决定购买与否。

3. 建立潜在客户信息档案

建立客户信息档案，进行重要程度、客户行业和独特性分类管理。企业应根据不同类型的客户及其竞争对手的解决方案制定出不同的客户痛点解决方案，分析攻克难易度和进度。

建立潜在客户信息档案极大地方便了销售人员的日常拜访规划，还可以让渠道管理者在日常工作中检查销售人员的客户是否合格，提高销售人员的拜访质量，减少无效拜访。

4. 制订潜在客户开发计划和销售计划

销售人员每天拜访前一定要做好客户的开发计划和销售预测，制定好当日的客户开发目标和销售目标。

（1）准备好潜在客户名单。

（2）预测每一名潜在客户对每一个产品的购买规模。

（3）制订拜访路线和计划。

（4）进行拜访。

（5）做好拜访记录。

5. 超大型客户的团队作战开发

对于超大型客户，销售工作内容繁多且专业，周期长，基本上很难由单个业务员独立完成。

超大型客户的团队作战开发具体工作有客户的痛点调查（上下游客户痛点、生产加工过程痛点、采购痛点、仓储痛点、培训痛点等一系列复杂工作）、关键决策人（可能并非一人）的背景调查、关系打造、竞争者调查（竞争者背景、解决方案优劣势等）、客户解决方案的拜访陈述（单独逐一攻克、会议集体攻克）、技术演示、客户服务（咨询、备货、物流、检测、培训、安装、维护、维修等）。

以上工作必须安排由专业人员分别进行，而不是让销售人员自行进行。

（五）To B 销售现场陈述步骤

To B 销售现场陈述是最有技巧性和挑战性的工作之一，该工作大致分为 6 个步骤。

1. 接近客户

接近客户的工作可分为四个步骤：第一，提前预约；第二，刚见面时进行社交性接触；第三，由社交性接触快速转为产品销售的接触；第四，学会应对拜访客户时的非情愿心理。

2. 现场销售陈述

现场销售陈述工作是重中之重。销售人员在与客户的交流中，通过提问技巧和沟通技巧识别和发现客户的真正需求，选择正确的产品解决方案，并通过告知、劝说或提醒的沟通方式与客户沟通，满足其需求。

3. 销售演示

复杂的产品仅仅依靠销售人员的语言沟通很难描述清楚，必须配合有效的视听演示方案，才能让客户了解此产品及其利益。

4. 谈判沟通和客户异议的处理

在交流中，客户会提出各种异议，或针对产品，或针对价格，或针对交付条款，抑或是客户的一些谈判方式所需，销售人员必须予以解答和满足。

5. 达成销售

所有的销售动作的最终目的一定是达成销售，如何克服各种障碍而使销售达成需要很多技巧。

6.做好售后服务

当销售达成以后，按时按质交付、售后问题的解决、对长期客户不断拜访维护关系是维系长期客户交易的核心。

三、定核心技能

核心技能包括：客户痛点解决方案制定技能、形象打造技能、卓越人际关系处理技能、调查分析技能、客户及其信息搜集技能、客户档案建立技能、客户 ABC 分类管理技能、客户鉴别技能、拜访规划技能、拜访记录填写技能、邀约技能、打招呼寒暄技能、心态调整技能、提问技能、购买需求和动机识别技能、产品方案选择技能、FAB 话术技能、演示技能、谈判沟通技能、异议解决技能、销售达成技能、客户长期关系管理和维护技能、复盘技能等。

很多专业书籍对这些技能都有专业性的描述，这里不再一一解释。

To C 销售的很多技能是"客观性"的通用技能，而 To B 销售对于"依赖个人发挥"的技能要求高且繁复，因此，销售人员更需要通过长期的规范训练养成习惯。

第三章

渠道销售力的
分解与落地

◉ 第一节　库存盘点与订货技巧

一、库存盘点技能

盘点库存是业务人员拜访客户时必做的工作，因为这一步决定订单能否达成。有人说，盘点库存还需要什么技能，不就是数一数、记一记吗？对于仓库管理较为规范的企业来说，获取库存数是非常简单的事情，但对于绝大多数的经销商来说却是极其困难的。很多经销商的仓库管理混乱：库位紧张，经营产品繁多，产品放置及批号管理混乱，业务人员随意取用。以上种种，都对库存数据的准确性造成了极大影响。

某公司库存盘点案例

某公司的订单预估和实际下单经常出现差异，公司很苦恼，为此不惜加大考核力度。担心业务团队不盘点、乱盘点，派出总部人员随机稽核，严厉处罚；公司仓储部经理甚至制定了经销商仓库规范管理方案，并启动对经销商的培训等，但都没有解决问题。

新到任的赵总召集销售经理、仓储经理、营管经理、财务经理去实地检查业务团队的盘点工作。

到了第一家经销商处，业务人员小张正在盘点，当时正值酷暑，小张汗流浃背。

赵总发现，盘点库存的时间都耗费在确定每层的箱数上，每层箱数和层数相乘，再加上上面散乱堆放的产品要清点多次，业务人员全部靠"心算"。环境如此之差，清点如此多的产品，怎么能平心静气地准确计算出来呢？这些其实可以借助表格做标准化记录。

赵总问："刚才每层是多少？有几层？算下来是多少？散乱堆放的有多少？有几个批号？分别是多少数量？算给我听听。"小张又重新算了一遍，结果"心算"的时候磕磕巴巴，最后数量差了很多。后来，赵总手绘了一张表格，告诉小张拿着这张表再试试。小张试用了一下，高兴地说："赵总，轻松多了，不用担心记错了。"赵总说："这张表格有利于盘点现场记录、计算，还可以用于核查，让后面的营业管理部和财务部按表核实、追溯。"

接下来，每一家经销商都是如此盘点货物。盘点现场记录表见表3-1。

表 3-1　盘点现场记录表

经销商：		盘点日期：		盘点时间：	盘点人：		
序号	品项	规格	盘点区		小计	库存金额/元	备注
1	××产品	500ml	生产批号	××××年××月××日 ××××年××月××日 ××××年××月××日 ××××年××月××日			
			数量	10×5+7+2　10×7+3　10×6+6+2			
2			生产批号				
			数量				
3			生产批号				
			数量				

经销商库存盘点规定

为了提高各位业务人员盘点库存的准确率及效率，促进公司的进一步发展，业务人员必须遵守以下库存盘点规则。

1. 盘点记录

（1）写全盘点记录表的表头，如盘点日期、盘点时间、盘点人。

（2）写全品项和规格。

（3）在盘点区写上所有盘点品的生产日期和盘点过程，例如某批商品长有4箱，宽有5箱，高有4层，盘点过程记录为4×5×4。禁止直接书写80或者20×4等形式。

2. 评分规则

（1）上交至营业管理部的手写版盘点记录表和电子版库存盘点表情况要进行评分。

（2）手写版盘点表可参照附件样式，不明事项可咨询营业管理部。

（3）评分细则如下。

手写版库存盘点表表头填写，6分，共三项——日期、时间、盘点人。

手写版库存盘点表品项填写，4分，共两项——品项、规格。

手写版库存盘点表盘点区内容，20分，共两项——生产日期、盘点过程。

电子版库存盘点表，10分，共四项——日期、件数、客户名、盘点人。

上交时间，10分，晚于规定的时间上交一次性10分全减。

总分共50分，评分倒数后三名者罚款。

倒数第一名罚款200元，倒数第二名罚款150元，倒数第三名罚款100元。

部门所有业务平均分少于37.5分，流通部门负责人连带考核，按倒数第一名同额罚款。

二、订单计算与订货

（一）订单计算方式

传统上，许多销售人员习惯于直接拜访各级渠道伙伴——经销商、分销商及零售商，直接询问其订单需求。这种做法的有效性高度依赖客户的预测准确性和管理能力。客户管理规范、预测体系健全，订单量往往较为贴近实际需求；若客户管理松散，订单数量则可能因主观臆断而大幅波动。

更为严峻的是，当客户面临资金困境或其他不可预见的问题时，他们可能会选择减少甚至取消订单，这一连锁反应将直接威胁到市场的稳定供应，导致断货、缺货现象频发，对品牌形象及市场份额造成不可估量的损失。

科学的订单制定需综合考虑多方因素，包括公司与客户库存、市场趋势预测、营销策略及促销活动影响等。通过精细的数据分析和复杂的计算模型，可以确保订单量既符合市场需求，又避免库存积压或缺货问题。

为此，建立并维护订货管理表（表3-2）至关重要，它能帮助销售人员系统记录与分析订单制定的关键要素，为科学决策提供有力支持。这样的管理方式不仅提升了销售效率，还增强了供应链的稳定性与抗风险能力。

表 3-2 订货管理表

（1）设定单品安全库存，防范任何突发的意外状况。

（2）清点现库存 a。

（3）单日平均销量设为 b，$b=$ 月销量 /（30 或 31）×（1+ 正常增长率 + 促销增长率）；距下个订货日还有 c 日。

（4）在途订单 e。

（5）安全库存天数 f 根据品项的生产周期设定。

（6）订货量 $d=b \times c+f \times b-a-e$。

序号	品名	规格	清点库存数 / 箱	单日平均销量 / 箱	距下个订货日天数	安全库存天数	安全库存 / 箱	在途订单	订货量 / 箱	订货金额 / 元	备注
1	×××	×××	a	b	c	f	$f \times b$	e	$b \times c+f \times b-a-e$		

注：表中的每一个因素都是订货时的关键要素。

（二）订货

1. 现有库存

在客户库存管理中，确保数据的准确性至关重要。管理规范的客户可以直接通过计算机系统提取库存数据。然而，不论数据来源如何，都应特别关注存货的日期与批号信息，因为这些直接关联到产品的保质期与销售策略。

特别地，当发现存货中有接近保质期三分之一的产品时，这些应被视为特殊库存处理。特别是客户采用长通路销售渠道的，这类产品的处理更需谨慎。为此，业务人员需前往仓库实地查看，细致甄别这些特殊产品，并考虑采取捆绑销售、促销或其他创新方式，以加速其流通。

另一方面，若客户仓库存货量看似庞大，但实际订单量却偏少，这往往是一个预警信号。此时，应特别关注货物分销的实际情况。若分销商和零售商的存货量较少，可能意味着经销商的存货虽然多，但分销效率不高，存在潜在的缺货风险。因此，在预测未来订单量时，需综合考虑分销商的存货状况，从经销商现有库存中合理扣除预计的分销量。

2. 预估当前至下次送货期这段时间的出货量

预估出货量是订单计算中比较科学的方法。一般做法是按照日均销量预估，这种做法在正常情况下是没有问题的，但是也有一些特殊情况，如：未来的销售时机是否迎来了旺季；是否有特殊节日；促销力度是否需要加大；公司是否有规划的特殊促销或铺货；是否有即将订货的新客户；是否要在下一阶段开展大规模拓展客户的行动；下面的分销商或零售商是否有特殊订货（周年庆、特殊活动等）；工厂的产能是否紧张，未来一段时间可能出现生产供应不上的情况；原材料是否紧缺；是否即将提价。

如果出现了各种促进销售的动作，那么就要计算订单增加量。

3. 安全库存

安全库存是指为应对订单从下单到送达这段时间内，因意外导致缺货的情况而制定的存货量，每个区域的安全库存各不相同。

若有送货路途远近、送货方式（零担还是整车）不同、季节影响（雨季、雪季）、特殊事件（疫情、地震、海啸等）等情况，都要考虑适当增加库存。因此，与客户协商订货时，要尽可能寻找这些因素，并给予合理的订货数量建议，以防出现缺货的情况。

◉ 第二节　小店陈列动作与方法

一、快速培训流通小店的陈列动作

快消品的陈列是销售工作中非常重要的一环，企业在做连锁型大型卖场时往往要提前做方案，根据本公司产品的销售权重、投入资源和理想中的销售占比，为每个产品分配陈列层级和排面量大小，这需要事先花费较多时间进行详细的图面作业计算。对于传统流通渠道店铺的陈列，若销售团队管辖的小型店铺数量繁多，则不值得花费如此多的精力。

下面通过陈列培训案例介绍流通小店的核心陈列模式。用8步将陈列的核心规律和步骤完美融合在动作里。

陈列培训案例

陈列前准备：进店观察本品陈列，并确定黄金陈列位置，然后进行货架清洁和调整。

黄金陈列位置，即最好货架层级——以中国女性的平均身高1.6~1.65米为标准，眼睛可平视，容易看、容易拿的层级。

第一步口诀：产品下架，成堆放，远一点。

①产品分类拿到地面上，先拿A类别的产品，再拿B类别的产品。

②每个产品都成堆摆放，切记每堆产品摆放的间距要大，这样方便看到商品标签。

第二步口诀：产品上架，主推产品放一瓶。

主推、主力单品先放到黄金陈列位置。切记，每个产品一定先只放一瓶。

第三步口诀：产品上架，次要单品放一瓶。

主推、主力单品上架，先确定黄金位置，再进行次要单品的上架陈列。切记，每个产品一定先只放一瓶。

确定每个产品的大致位置。只放一瓶的目的是分配空间时容易移动调整。

第四步口诀：排面调整，主推产品扩面。（该步骤将复杂的计算化解到了简单的动作里，实现了计算的效果）。

确定主推、主力和次要单品陈列位置后，进行货架陈列空间（排面量）调整。在货架空间允许的情况下，扩大主推、主力单品的陈列面。

第五步口诀：产品上架，塞货塞货，往里推。

确定好所有产品的陈列位置和排面。剩余的商品按照生产日期的先后顺序（货龄管理：先进先出原则）进行商品补充。

第六步口诀：价签、价签要对应。

所有产品陈列完成后，要做到产品标签全部朝外，陈列整齐划一，商品与价签要全部对应。

第七步口诀：陈列完毕，粘贴爆炸贴、跳跳卡或瓶挂。

陈列完毕，价签对应以后开始粘贴广告宣传物料——爆炸卡、跳跳卡或瓶挂。爆炸卡不能遮挡产品标签和价签。

第八步口诀：陈列完毕，检查爆炸贴，看是否遮挡。

爆炸卡粘贴完毕，按照顾客选购商品的站位进行爆炸卡粘贴位置的观察，保证不能遮挡商品且促销信息明确，从而吸引顾客的注意力。

二、城区大量小型门店的陈列调整

如何在城区快速调整大量小型门店的终端陈列，对很多企业来说是一大难题。很多企业依靠经销商，有规模的经销商也许可以利用销售团队去做陈列调整，但中小型经销商很难做到这点，中小型经销商的业务团队往往疲于订货和送货处理，没有精力做陈列。企业可以设立专门的团队，负责门店的维护、陈列处理。团队刚开始运作时没有资料、没有客情，可以通过以下三种方式来解决问题。

（1）精准地图辅以详尽店铺清单策略。此方式的难点在于地图绘制与店铺信息的精准整合，往往只有可口可乐、康师傅、娃哈哈等一流企业能游刃有余地执行。

（2）经销商与专员协同作战模式。此方式中经销商对本地市场及店铺的深入了解是优势，但难点是经销商业务人员日行程紧凑、单店停留时间短，而陈列调整耗时较长。为此，我们提出以下解决方案。

每位业务人员配备一名陈列专员，即刻启动陈列调整工作。业务人员运用标准化沟通话术，清晰传达品牌信息与陈列人员身份，同时借助微信实时共享店铺位置与名称，确保专员迅速定位并开展工作，这可以有效缓解团队等待问题。专员详尽记录每家店铺的名称、地址信息，并精准标注于地略图上，构建起一套完整、准确的店铺地图系统。

若偶遇未标记门店，团队可以展开即兴调整工作，同样遵循上述标准化流程。同时，创新性地运用"极简促销贴模式"，结合 DM 单发放与社区宣传，以精练信息传达品牌活动，激发消费者兴趣，同时强化市场渗透率。此举不仅促进了活动在批发商层面的高效执行，还有效遏制了窜货行为，维护了市场秩序。

以上工作完成之后，公司团队便可顺利获得终端客户的资料。

（3）**盲扫**。如果确实没有任何资料可用，也没有经销商团队可用，企业人员可以将城区划分成相应的路线和区域，安排自己的业务团队进行店铺走访并做陈列调整，同时记录相关信息，建立店铺档案。

第一种方式最完美，第二种方式最务实，第三种方式实际操作起来较为繁复。第二种方式获取了所有门店的名称、地址、地略图后，就可以实行第一种方式。

● 第三节　促销工具与技巧

一、促销贴模式

传统店铺促销很难做，无法执行特价活动，若捆绑销售，则会浪费太多人力成本，且捆绑销售的产品基本会被老板拆开售卖，促销基本无效。

促销贴模式属于买赠方式的一种，将促销活动粘贴在产品外包装上，赠品随产品一起送到零售店铺，由零售店自行发放。促销贴要求在经销商仓库里进行粘贴。促销投放数量和区域都非常容易控制，活动方式可以灵活变化。

除了促销贴模式，还有一种经常采用的方法是 IN-PACK 买赠促销，即将公司产品与赠品包装在一起，操作简单易行，但是这种方式要求在生产线上生产，生产量一般比较大，灵活度比较小。

促销贴模式要求送货时促销产品数量与赠品数量一致，由店铺老板签收，顾客购买时会自己索取，这样就可以很顺畅地执行针对顾客的促销。核销时凭借签字、现场照片和店头照片即可，该方法可以杜绝弄虚作假、虚报费用的问题。

很多品牌对窜货行为无可奈何，分销商和部分经销商为了利益，低价冲击别的区域，这种行为很难杜绝，但运用促销贴模式可以遏制。

很多窜货经销商、分销商通过畅销产品降价来吸引零售商，带动其他品牌的高毛利产品，受利益驱动和生存所需，经销商和分销商的这种行为难以杜绝。靠企业或区域代理商运用"警察＋侦缉队＋法官"方式管控，费时费力，且很多企业的代理商和企业内部有各种利益掺杂，实行起来很难。

在铺货时，促销贴模式是打击窜货行为、将店铺控制权回收到经销商手里的利器，具体做法如下。

（一）执行标准动作与话术

促销贴活动执行时的标准动作如下。

第一步：将促销贴粘贴在产品包装上。

第二步：在商圈内、小区内粘贴醒目海报。

第三步：在人流聚集处或窜货店门口发放部分 DM 单（单子上写明产品瓶身上有促销贴或门口贴有海报的才执行）。

第四步：拍下以上步骤的照片，销售团队拜访客户的时候，将照片给店主看，并按以下话术向店主说明。

"您看，周围居民都知道我们的活动了。我们发了传单，贴了海报，您也进货卖吧。"

店主："不做，我看别人也没做。"

"其他店不做，不正是您的机会吗？现在最难的不就是开发客户吗？居民都知道了，肯定去门口贴海报的店购买，我们的产品家家都在用，到粘贴促销贴的店去买，同样的产品，顾客都想要便宜的，顾客都来您这里，除了买我的产品，肯定还会买别的产品吧？这不是开发客户的最好时机吗？"

（二）拜访不进货零售店的话术

去拜访铺不进货的零售店，店主说："不要货，我从别人那里进货了。"将照片给店主看。

话术："您看，周围居民都知道了我们的活动。我们发了传单，贴了海报，您也进货卖吧。如果不卖，您旁边的那家店执行了（指着 DM 单），单子上写着产品瓶身上有促销贴或门口贴有海报的才执行，您如果不做，顾客都到旁边的店里买了。顾客去的时候，肯定不只买我的产品，其他产品也要买，到那时您的客户就丢了。"

"您从别的经销商进货虽然便宜，但是如果您不进他那里其他品牌的货，他会给您送货吗？羊毛出在羊身上，这个货便宜，肯定有别的贵。而且，别的经销商是不可能给您这个活动的，我这里月月都有活动，您可以放心进货。"

（三）竞店情况说完就走

第一次，会有大约 1/3 的门店进货。过几天再去，按照这种话术和店主沟通："哥，我刚发完传单，看到很多顾客直接去搞活动的店了。"这样又会有 1/3 的门店进货。

（四）多次发送活动通知

这种模式不在于发了多少 DM 单，而在于让门店相信产品的能力，多次发送活动通知便能起到这样的作用。

（五）与经销商团队的沟通

对着经销商团队说一句话："走，兄弟们，一起去。"这样的方式简单、有乐趣，经销商团队看在眼里，只要一产生效果，他们自己就会行动起来。

二、爆炸卡和海报写法技能训练

写海报时有海报体写法，但很多人不会。笔者最早是从康师傅企划入行，当时公司各办事处都会培养专人写海报，涉及各种海报体，很漂亮，销售人员写不出来，只要有促销活动，大家便会排队等待这位专业的同事帮自己写海报。

中小企业能够培养一位这样的人才写海报吗？大概率不能。但是海报、爆炸卡是传递促销信息最常用的手段，没有经过训练的销售人员很难写好。

图 3-1 是销售人员自己写的海报，促销效果并不好，但大部分中小企业

都是这种水平。图 3-2 是销售人员经过培训后写出的海报，虽然美观性不如海报体，但是非常实用。

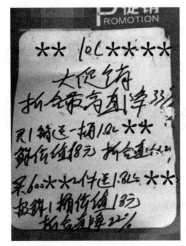 

图 3-1　未被培训的海报　　　　　图 3-2　培训后的海报

很多企业的设计水平没有那么高，达到基本要求就可以。再次强调一下，中小企业的很多工作不需要完美，实用、操作简单才是最重要的，海报不只在于美观，更在于信息展示的设计及信息的突出性。注意按照信息重要性来设计海报，主题信息一定要有品牌及主力产品名和信息搭配组合，注意字的大小、粗细、间距、颜色等，并要巧妙使用爆炸符号。

产品名称不得用公司内部约定俗成的简写，必须使用外包装上的正式全称，这一点很重要，很多中小企业的销售团队会掉入这个陷阱，他们认为顾客也与他们一样用公司约定俗成的简称。

海报制作的注意事项如下。

（1）写活动的主题信息。海报上要有品牌名、产品名、大促销字样，折合直降的比例（用"%"标明），要求写大字，分布居中，一行写不开就分行断开。

（2）写产品的具体促销信息。写明具体的促销方式、产品名以及赠品名称、数量，最重要的是注明赠品的价格（这一点很多销售人员会忽略），最后还要注明赠品所占的价值比例。注意：因为是正文，要求字号比主题小一半，段落间距比行间距要大。

（3）依次写明每个产品的促销信息。

（4）注明活动时间。

爆炸卡的制作思路同海报一样，可参考练习。

三、通路促销的核算

通路促销的难点在于，传统流通渠道给予经销商的促销政策往往是本品的搭赠，经销商进货箱数越多，坎级越高，比如 100+6 本品；而给予零售商的则因其进货坎级较低（如以 5 或 10 箱起步），且为了防止窜货，往往使用异质赠品。

如果是餐饮渠道，则会存在批发商。批发商进货量以 10 箱或 20 箱起步，餐饮店的进货量更低，极有可能是 1 箱或 2 箱起步。在没有模板的时候，从同品促销换算为不同坎级和力度的异质赠品促销，每次计算都十分困难，计算方式十分复杂，换算步骤如下。

第一步：建立公式模板。

第二步：测算公司、经销商、分销商、零售商、餐饮店的毛利变化。

扫码赠推算模版

促销方案最核心的要素是要保证公司、经销商、分销商、终端顾客的利益，因此需要考虑以下问题。

（1）活动折扣对终端零售店（餐饮店）有吸引力吗？这个判断的标准是与竞品的促销活动做比较。

（2）公司费用率可以支持吗？

（3）经销商的毛利有多少？下降到什么水平可以使其接受？

（4）分销商毛利提高多少合适？

四、促销告知函的书写

促销活动设计完后，下一步工作是告知客户，但促销活动涉及的关键信息点太多，客户也比较多，许多公司依靠销售人员口头告知，很多关键信息尤其是客户关注的毛利变化信息传递缺失或混乱，这会造成很多麻烦。在这种情况下，使用促销告知函是比较好的方式，做好标准格式模板，将所要传递的信息清晰无误地表达出来，这样每次促销活动都可以快速套用模板、下发信息。

促销信息告知是针对每个层级的客户，传递与其相对应的信息就可以，不需要传递其他层级的信息。活动告知函如下所示。

XX 经销商　月　日一　月　日　活动告知函

致 ×× 市场分销商客户：

公司针对贵司终端餐饮饭店，在　年　月　日一　月　日期间，特进行如下活动：

针对终端餐饮饭店

活动品项	活动方式	相当于
产品 A	1 箱送 ×× 袋产品 B	1 箱送 ×× 袋产品 B，原价是 ×× 元 / 箱，折合后约是 ×× 元 / 箱，相当于 ×× 折
	2 箱送 ×× 袋产品 B	2 箱送 ×× 袋产品 B，原价是 ×× 元 / 箱，折合后约是 ×× 元 / 箱，相当于 ×× 折
	3 箱送 ×× 袋产品 B	3 箱送 ×× 袋产品 B，原价是 ×× 元 / 箱，折合后约是 ×× 元 / 箱，相当于 ×× 折

为此，给贵司按照如下折合方式进行进货：

活动品项	进货政策	出货政策	本次活动毛利变化情况	
			原毛利率	现毛利率
产品 A	3 箱送 ×× 袋产品 B	1 箱送 ×× 袋产品 B	6.56%	7.55%
		2 箱送 ×× 袋产品 B	6.56%	7.31%
		3 箱送 ×× 袋产品 B	6.56%	7.06%

1. 活动日期：__年__月__日一__ 年__月__日

2. 经销商按照活动促销力度发货，发货单加盖经销商公章，发货单要求必须包含客户名称、客户联系地址、客户联系电话、客户收货签字。

3. 活动期间参加活动单品必须张贴活动海报，无论何种原因如稽核时无海报，一律视为活动不执行，赠品一律追回。（备注：如海报缺失或破损可用白纸填写并张贴，也视为有效，但要及时申请补发）

4. 经销商必须和所有接货客户签订公司统一协议，此协议见附件。

5. 如未能按照我司要求进行立即终止活动政策，活动赠品追回。

6. 本活动最终解释权归 ×× 公司所有。

祝商祺！

×× 公司

×××× 年 ×× 月 ×× 日

五、DM 单设计和发放

DM 单的要求与海报一样，只不过 DM 单是由专业设计师设计的。DM 单设计要点如下。

（1）所有信息取决于设定好的核心信息，表达不得变形。如果 DM 单篇幅较大，可以先将主推产品的优势卖点、公司品牌优势、促销活动和信息表达出来。

（2）信息表达注意凸显性：爆炸纹、独特排版、诱惑性的话语。

（3）信息编排时尤其注意，时间、地点、活动主力单品和品牌均要清晰。

（4）要求配上精美的产品图片以活跃氛围。

（5）要将产品包装的主视觉（视觉锤要素）的核心部分融入设计。

（6）排版要美观。

要特别强调信息传播的内容，尤其是产品优势卖点、品牌优势、主视觉（视觉锤要素）。这些才是让消费者对品牌力、产品力产生兴趣和记忆的关键点。

预先发放 DM 单，用于预热促销活动，这一点极为重要。消费者促销活动一般安排在活动的场地周围及商圈、小区内，可以投递到消费者家门口；渠道促销则在农贸批发市场出入口、停车场、动线处。在活动现场周围人流动线处也要不断发放 DM 单。

◉ 第四节　铺货拜访卡

铺货拜访卡是流通门店的工具之一，可以单独设计使用，也可以与门店订货等工作合并成一张表使用（对终端门店采用精耕模式）。铺货拜访卡包含门店级别设置、门店客情级别设置、门店铺货统计三项功能，具体见表 3-3。

表 3-3　铺货拜访卡

_____区域 _____经销商终端客户铺货拜访卡

路序号	店名	地址	电话	联系人	客户分类	店内客情	产品系列 1					产品系列 n				
					ABC	ABC	产品1	产品2	产品3	产品4	产品5	产品6	产品7	产品8	…	产品n
A1001	门店 1															
A1002	门店 2															
A1003	门店 3															
B1001	门店 4															
B1002	门店 5															
B1003	门店 6															
C1001	门店 7															
C1002	门店 8															

注：铺货品项统计有的话填写"1"；经销商需要铺货的品项填写"√"；表格上未有的品项，手工填写到空白区域；店内客情，好为"A"，一般为"B"，不好为"C"。

一、铺货拜访卡的制作

经销商运作的品牌繁多、品项繁多，经销商业务员很难对某一个品牌的所有产品都做到熟悉和关注。因此，企业必须对产品在经销商管辖区域的市场表现进行管理。

第一步：从经销商的系统中导出近一个月的数据。如果没有系统，则手工统计一个月数据。

第二步：制作铺货拜访卡时，最大的问题是如何快速将每个店的产品明细整理成卡中所列模式。建议使用 Excel 的相关功能。

第三步：填写店级别、客情级别，填写要求如下。

①可以根据销售额来填写客户级别，定出级别标准。

②客情级别只能由业务员主观填写。

③切忌发给经销商或其业务员让其自行填写，因为经销商一般不会仔细填写。

方法：召开全体人员会议，经销商也要参与会议，在会议上让业务员填写每家店的级别和客情。

话术：客户级别根据既定标准划分，××万元和××平方米的门店就写A，××万元××平方米的门店就写B，××万元××平方米的门店就写C，这个不用犹豫。

客情：你觉得好的就写A，你觉得不好的就写C，一般的就写B。

填写表格要实事求是，不能造假，因为这个表会作为公司投入团队来做陈列的参考。客情"好"填写成"不好"，那么店铺就会被少做陈列，业绩上不去，店铺亏损；客情"不好"却填写成"好"，业务员与店铺沟通时就会产生麻烦。

第四步：填写路序号，按照路序号排序。

二、运用铺货拜访卡管理日常铺货

铺货分为日常渗透式铺货和集中铺货两种方式。铺货拜访卡是渗透式铺货的核心管理工具之一。在铺货方面，经销商与其销售团队的沟通很多时候是极其困难的。非量化传统沟通方式如下。

老板："××产品大家本月要铺好货。"

业务："老板，我们每天拜访那么多家店，还有那么多事，订单要经常催，哪有时间铺货？"

老板："业务员的职责就是铺货。"

一个月以后。

老板："铺了多少家？"

业务A："我5家，其他门店不要产品。"

业务B："我4家，其他门店确实不要。"

……

老板心想："加起来也够 20 家了，能交差了。"

于是，老板就会与生产厂家沟通："这个月一共铺了 30 多家，费了九牛二虎之力，确实难铺，咱家产品别人不认，你看怎么办？你得多给点政策支持。"

一般情况下，经销商在做铺货安排时强调"×× 公司 ×× 产品大家去铺好货"。而业务员的反应是，每天考核我跑多少家、理多少货、引多少单，没有时间铺货，所以索性不铺，哪怕嘴上答应了，也不一定会有实际行动。

这是非量化沟通的恶果，量化沟通可以做到难易度沟通、可行性沟通。使用铺货拜访卡，可以采用量化沟通。铺货拜访卡上清晰地写着哪家店里存在哪个产品、不存在哪些产品，门店的客情等级也很清晰地标明了铺货难易度。

老板："来，看一下你这周的产品表现，这么多空白店，客情也不错，本周 1 天补铺 3 家怎么样？"

业务："太难了！"

老板："1 天 2 家呢？"

业务："也难。"

老板："1 天 1 家呢？"

业务："没问题。"

老板："好，来吧，在卡上的对应产品空白处画对号。"

画完对号，业务员在每天出货前，根据路序号，可以提前安排样品、海报、爆炸卡、价格签、赠品等。业务员在进店前查看铺货拜访卡时会发现显眼的对号，于是在入店前准备好铺货用具。铺货完毕，就把"对号"改为"1"，并特别标注。管理者每天查看核减对号情况，检查工作执行情况，这就是渗透铺货的"管理者画对号，业务员减对号"。

那么，渗透式铺货的效果如何呢？

每个业务员最少每天 1 家，每周 6 家，那么 5 个业务员就是每周 30 家。

每个月就是 120 家。如果每个业务员每天 2 家，每个月就是 240 家。销售额也可以依此类推计算。

三、提高客情的工具

铺货拜访卡是客户关系管理的核心工具之一，铺货拜访卡可以用于有计划地提高客情。非量化的传统沟通方式如下。

老板："×× 产品大家本月提高自己的门店客情啊。"

业务："老板，每天拜访那么多家店，还有那么多事，订单要经常催，哪有时间提高客情？"

老板："业务员不提高客情，还做什么？"

接下来老板说一堆关于业务人员要做客情的心灵鸡汤。

一个月后……

老板："多少家客情好转了。"

业务A："我 5 家。"编一通说辞。

业务B："我 4 家。"编一通说辞。

老板："加起来也够 20 家了，还不错。"

这种方式很难有效果，因为老板可能永远弄不清楚哪些客户客情好、哪些客户客情不好。

动用铺货拜访卡的量化沟通方式如下。

老板："本月你的客情关系可以提升几户？由 B 到 A 的几户？由 C 到 B 的几户？（以月度为管理周期）10 户怎么样？"

业务："10 户难度大了。"

老板："5 户吧，为什么 5 户呢？每周每天一条线，每周 6 天，每天集中攻一户，每户服务多加 30 分钟至 1 个小时，难度不小。一个月下来这样就有 4 次接触，4 次应该差不多了吧。"

业务："5户差不多。"

老板："这样，每户给你准备××礼物，你可以领用每户1个，6个怎么样？"

业务："好。"

客户关系管理就是客情级别提升的管理，既然业务员已经在表上标注了客情的ABC，那么公司整体客情的关系好坏就一目了然了。

◉ 第五节　餐饮渠道运作技巧

一、掌握餐饮批发市场客户分布图

1.制作客户分布图

（1）销售团队到经销商处，召集经销商所有人员，导出系统数据，并统计到"经销商铺货拜访卡"上，如果没有系统，则填写"经销商铺货拜访卡"。表格上要标注客情关系（A、B、C）和店面等级（A、B、C），店面等级信息也可以根据经销商经营情况来划分。

（2）拿4张空白的A4纸，将4张A4纸粘成一大张。由销售团队现场画出当前区域经销商所在农贸市场的区域布局图，让最熟悉市场的人员介绍农贸市场所有批发商客户信息，销售团队在布局图上标注所有卖所售卖产品的门店名称。

（3）有楼层的要标注商户所在楼层，如F1、F2、B1、B2（一层、二层、负一层、负二层）。

2.标注所有店铺A、B、C等级

所有售卖产品的门店按照大小或者经销商经营情况标注A、B、C等级，写在门店名称的左侧。

3.标注销售本品店铺A、B、C等级

标注出进本公司产品的店铺，并根据经销商经验标注A、B、C等级，写

在所有店铺等级右侧。

4. 标"红点"和"黑点"：本品和竞品A类店

（1）用红笔将卖本公司产品的 A 类店标上红点。

（2）用黑笔将卖竞争品牌产品的 A 类店标上黑点。

5. 标注产品

让经销商提供 3 个月以上（最好是 6 个月）的累计销售数据，按照布局图上的店铺顺序标注产品名称。

（1）写上未进本公司主力产品的店铺名称。

（2）写上该店铺应该卖得好却没有卖好的产品名称。

6. 标注客情关系

客情关系标注是制作客户分布图的核心，是根据经销商的感觉估算出来的，根据关系亲近程度，客情关系分为 A、B、C 三类。随着关系改进，客情关系等级逐步变更。

7. 用红笔标出潜力为A、客情为C的店铺

对于此类别客户，需要先加强客情关系打造，再增加拜访频率，关注未进店的主力产品，最后用促销手段完善前面的内容。布局图上的店铺信息就是攻克的方向。

8. 标出窜货店铺（往本区域窜货的店铺）

店铺旁用不同颜色的笔写上"窜"来标注窜货店铺。

9. 信息分析同步

在经销商提供的累计销售数据表格内，标注布局图上的信息，确保分析数据信息时权重要素一致。

10. 在布局图上标注餐饮客户进出口和车辆出入口

未来在做推广时，这些位置是主要的信息触达点。

11. 复印布局图

把画好的布局图多复印几份。每次"打法"都不同，要根据块状结构制

定战略活动方案。

二、餐饮门店买赠促销

启动针对餐饮门店终端的买赠促销，吸引终端餐饮门店客户。

做好买赠促销的执行和控制，需要以下五个步骤。

（1）发告知函给批发商客户，发 DM 单给餐饮店客户，吸引客户。

（2）粘贴海报和爆炸卡。

（3）在产品上粘贴促销贴，告知促销活动具体信息，防止漏发。

（4）采取一些行动攻克一些餐饮门店，如菜肴对比测试、促销活动告知等，引单到批发商做样板。

（5）将促销产品和赠品陈列出来。

具体技能详细分解与前文大同小异。

三、厨师菜肴比对测评

厨师是餐饮门店决定购买某产品的主要决策人员，他们对产品的认可程度决定了产品的购买与否。如果产品力得不到厨师的认可，仅凭价格和交易条件、促销，产品难以有作为。

如何让厨师放弃已经习惯的产品，选择新的产品，可以通过菜肴比对测试来证明新产品与原有产品的优劣。这对于一些特别注重菜品质量的中高档餐饮门店尤其重要。比对测试最重要的原则是在同等条件下进行。

（一）在同等条件下出菜

提前准备好菜式的原配料，保持同等条件，每个步骤、时间、火候、用量、用具完全一样。也就是说，本品和竞争产品的炒菜条件必须完全一致，这非常重要。例如，主辅料切完后，必须用天平来称用量是否一致；液体调味料用量度勺量取，两口锅必须同时炒制，同一名厨师，按照同样的标准工艺，炒法一致、每个步骤的时间一致。

出菜条件完全一致，出菜时间一致，盛取时用一样的盘子，一样的筷子或勺子。品尝时，菜品必须保持一定温度。

（二）同等条件下盲评品尝

测试是盲测，到底哪个产品是本品，只有上菜人员知晓，厨师、被测人员完全不知道。测试时要去掉任何利用记忆猜测的动作，以摒除人为主观因素的影响。

测试前，请准备好问卷、笔、一次性水杯、水、测试样品所用的相关用具（品尝碟、小勺等），请不要在现场放置能看出品牌的物品。

测试产品时，请对不同品牌的产品进行编号，贴在测试容器显眼处。品牌与编号的对应只有测试主持人知晓，建立好编号对照表。编号要求打乱次序，不能被猜出。

提供量度表，供被测试人对照着填写数据。量度表测试属性分为整体菜肴品尝和针对自己产品类型的属性单独测试。

测试动作包括三步：尝，分别品尝本品和竞品的菜肴；看，看量度表；打分，不要凭记忆打分，必须查看对应此项的量度表之后，再打分，并填写到相应的栏内，如不确定，可再次品尝，以自身喜好做判断，不存在谁比谁更准确之说。

整体喜好度比对，请分别品尝完并填写分值，再进行分项测试。剩余分项的比对，也是等前一项比对完后，再进行下一项，不要等全部品尝完，一并填写所有测试项分值。每次品尝产品前，请尽量喝水清洁口腔，让味觉恢复之前的状态。

打分时，注意两个量度——对称量度表和非对称量度表，对称量度表 0 分为最好，非对称量度表分值越高越好。本品与竞品得分可以相同。

注意：测试时不要处于过饱与过饥状态，不要吃刺激味觉的食品（辣、酸、甜、苦、咸等），以防味觉失常。

测试问卷时，要求填写项不得漏项，提交时请仔细检查，严禁相互讨论，严禁事先诱导，每个人完成各自问卷。测试完成后，统计测试数据分布情况，做出结果判断。

当对产品力有了明确的判断后，剩下的就是价格、交易条件了。

当年欣和味达美酱油在进攻餐饮渠道时，各地的厨师已经习惯了海天、李锦记及当地品牌的产品，销售人员挨家做比对测试推广，通过到有影响力的餐饮店进行菜肴比对，证明了欣和味达美酱油产品力的超群。后来，欣和公司通过与烹饪协会、厨师学校合作、推广，以及与各地的厨师意见领袖开发新菜品，逐渐让厨师习惯了用欣和味达美酱油来制作菜肴。欣和成功抢占市场份额，成为很多区域的头部品牌。

第四章

渠道管理的基础：
经销商开发

好产品能卖出去（消费者能购买），加上好的市场运作、好的信誉及担保、好的企业，再加上良性的竞争环境，经销商会主动寻求合作。本章着重论述经销商开发的系统思维。

◉ 第一节　成功开发经销商的关键因素

一、产品是否能在新市场成功

经销商在市场中承担了物流、资金流、市场管理的部分工作。企业在新市场上如何能行销成功，是经销商开发的核心。

当公司面对新市场并确认能获得成功时，只要让经销商看到成功的希望，找到合适的经销商便不难。

二、经销商有先进的理念

早期的经销商，依靠自己的奋斗取得成功。早期的市场环境也极其不规范，造就了一批"江湖气"很重的经销商，他们善于讲感情、拉关系。

现在的经销商，度过了创业期、成长期后，管理越来越规范，更能从企业经营管理的角度思考问题，更能辨别真正能带来长久利益的品牌和产品，从品牌人设、产品定位、卖点、优势、产品定价、渠道、推广、服务等角度出发，更能客观评价业务人员的专业度。

今天及未来的渠道合作，更多是从区域市场经营角度进行的，以期实现双赢。站在厂商的角度，是将品牌和产品在某个区域市场运营成功，击败标杆竞争品牌对手；站在经销商的角度，是运用一系列品牌和产品组合，将所辐射区域的客户、消费者牢牢抓住，击败标杆竞争商业对手和品牌对手。

三、建立样板市场

很多企业野心勃勃地开拓市场，制定了诱人的政策，进货后派团队铺货，

给予的铺货力度是 n 搭一。一天铺几十家，一家进货 4 个品种 10 箱，折合 ×× 元，一个月下来就铺货 ×× 万元，开发几个样板店，公司每家店派 1 名促销员，工资 × 千元，连续出 × 个月，累计进货 ×× 万元，公司再奖励 1 辆价值 × 万元的送货车。

这种奖励是不是很诱人？但是现在很多经销商越来越多地考虑的是产品卖不出去怎么办？任何经销商选择一个产品，最重要的都是确保产品有动销，再考虑利润率和厂家支持。

如何确保产品动销？如果产品是知名品牌，在市场上已经畅销，那么不用企业开发市场，经销商也会蜂拥而至，主动寻求合作。而现实是，很多需要招商的企业，其品牌不知名，产品还未畅销，因此，经销商也会犹豫。

面对这种情况，可以建立样板市场。公司可以选择几个市场作为基地，自行投入人员、费用，规划好市场政策并切实运作，踏踏实实进行销售。企业选择一定数量的门店，样本要具有说服性，ABC 类型的门店应该都包含在内。规划好进入期、成长期、成熟期的方案，统计好销售数据、费用投入、利润数据。

企业在开发经销商时，可以邀请经销商参观样板市场，并用样板店的真实数据来推算一定区域的销售额、利润额、投入费用额。

四、开发是系统性工作

很多企业认为，经销商开发是业务人员个人能力的体现，于是非常重视与经销商打交道时的特殊技巧和话术，崇尚个人经验，经常着重教导业务人员如何沟通交流。诚然，优秀的业务人员可以很快凭借个人能力找到经销商并签约，拥有优秀的业务人员可以快速开拓市场。但实际上，优秀的业务人员非常少，薪资要求也较高，对很多企业来说可遇而不可求。企业的发展不等人，企业也承担不起时间成本。

新市场经销商的开拓可以看作系统开发新市场的其中一项工作，需要系统地搜集市场信息、分析市场的机会，采用科学的市场运作手段，而不仅仅依靠经验。

五、品牌力强弱的影响

产品能在新市场中获得成功是经销商开发成功的核心。品牌力强是产品能够成功的最大保障。对于品牌力强的企业，如果是老产品重新招商，那么企业只要放出消息，经销商就会主动联系合作。即便是新产品，只要能够证明产品力足够，亦不愁销路。

招商的重点是对经销商进行考核，考核经销商是否符合公司的标准，极有可能会运用收取保证金等较为严苛的选择手段。

对于品牌力低的企业，其重点不在于考察经销商是否符合公司的标准，而是在经销商那里证明企业值得信赖、产品力强悍、市场运作方案能成功等。

◉ 第二节　经销商开发流程：目标制定

经销商开发在管理上是一个逻辑性很强的系统化工作。通过开发流程我们可以看到，优秀业务人员的经验与该流程中的部分过程相吻合，很多经验主义的话术只是人们在流程中做完部分工作后总结出来的结论。企业运用本流程一步步开拓市场，与经销商打交道将游刃有余。

扫码看开发流程

企业通过运用这个流程可以快速开拓市场，并能不断培育出优秀的业务人员。

一、制订区域开拓计划

（一）制定销售目标

任何区域的开发，都要根据以往经验和基础数据制定合适的销售目标。

区域目标是根据本公司产品线的定位，进行较为合理的市场份额预估，而不是不切实际地制定高目标或者没有目标。

根据相应的调查制定出较为合理的当年度和未来几年的目标规划。在目标制定过程中，正确的目标比错误的目标好，错误的目标比没有目标好。初期目标是粗略估计，精确度可能并不会太高，但至少让业务团队有了方向。

目标规划决定了寻找经销商的规模和类型。很多时候，开发人员之所以困难重重，是因为区域目标的不准确性。如第一年这个区域是 200 万元，第二年是 300 万元，那么寻找的经销商的类型和规模就会存在很大区别。

有了目标，就有了可以核算费用的基础，就可以根据公司的上市规划制定各项政策，核算费用的投入可以计算对业务团队的激励。

目标可以让公司的资源和团队的注意力、精力统一起来，向一个方向集中投放，减少内部摩擦。即使目标错误，也可以在执行过程中不断修正、不断调整，直至准确。

（二）开发时间进度表

必须明确规划好时间进度表，详细规划好每步工作的进度，这样才能有机地将工作协调起来，防止前后不一致。如果该提前进行的工作没有做，那么到需要时还要回头再去做。

结合产品生产、上市、旺季来临等时间周期，从经销商开发的每一步，到后续的打款、进货、铺货、招商、淡季顾客教育、旺季大规模促销启动等，都要全面规划好进度。

（三）渠道策略：确定经营渠道的类型和进度

在市场开发初期，企业一定要根据产品的定位来明确开拓渠道：是现代通路的大卖场、中超、CVS，还是传统通路的夫妻店、农贸市场、特通、餐饮渠道等。

如果不存在全渠道的经销商，切忌授予区域独家经销，企业寻找的经销商一定是符合渠道管理策略的，要确保授予的区域、渠道是经销商具有优势的那些，非优势的不授予其经销权。

企业要在合同中明确标注授予的渠道和区域，为以后区域开发寻找新的客户做好准备。KA 渠道的客户，合同必须以公司户头开具。

（四）政策制定：针对经销商和批发商

在进行区域开发前，企业要根据目标、费用、利润率要求制定合理的招商政策、铺货政策、后续市场推广方案等。这些政策只有提前制定，企业才不会投入超标，与经销商谈判时才会有原则和底线。

（五）政策制定：针对零售商和消费者

企业可以制定合理的消费者促销、通路搭赠、零售陈列奖励、箱皮回收、随箱刮卡、箱箱有礼、提前限时进货折价券、模范店奖励、零售店送展架等激励政策，让经销商认为产品能够分销下去，且在零售店内消费者能够购买产品，给予经销商信心。

很多企业往往只是口头许诺，但是将这些政策做成书面文件展示出来，才是最好的谈判工具。笔者在带领团队时经常在这一点上下足功夫，与经销商谈判异常顺利。

特别注意：尽量少约定投放固定性费用，例如超市固定人员投放、陈列投放等；尽量投放灵活的变化费用，如流动的促销人员、促销推广活动、每月的临时堆头投放等可以随时增加或取消的项目。

很多经销商在大型超市里一般有固定人员或者常年堆头，公司可以在投放变化费用时，利用这些现存资源要求经销商提供一定比例的固定资源。

（六）政策制定：针对团队

企业在经销商开发、零售店开发方面的激励政策会让团队干劲十足。如针对经销商开发的户数奖励，针对零售店开发的户数奖励、竞赛奖励等，这都是能极大地激发业务团队工作热情的有效管理手段。

这一阶段的目的是进行整体规划，为下一阶段提供全局性的指导。

二、开发目标初步设定

区域拓展计划确定后，要实现对区域内零售客户的覆盖，必须通过适当数量的经销商才能实现，在这个步骤里要制订明确的经销商开发数量计划。

数量计划的依据要考虑企业对通路控制力度的要求及业务人员的配置等。

力度要求越高，开发的经销商数量理论上要求也越多；业务人员的配置越多，经销商的开发数量越多。

经销商开发目标的设定，还受上市计划中对终端铺货店铺数量规定的制约。此外，对不同渠道品项及价格的设定也会影响经销商开发目标的设定。如青岛啤酒对餐饮渠道分销的单品有大桶扎啤，也有瓶装的几种SKU分销扎啤和瓶啤，这种情况就可能需要由不同的经销商来实现。

（一）制订经销商数量计划

初步设定企业的经销商数量，确定是全区域独家经销还是分渠道、分区域经销，如何划定区域范围。

（二）终端铺货店铺数设定

企业对要进入的渠道的店铺数量进行分阶段设定，设定铺货店铺的类型、数量。第一阶段通常是一定数量的销售成功率较高的样板门店，集中精力将这些门店打造成功后，再制定第二阶段的铺货店铺数量。

（三）设定企业进入市场的品项及各级价格

选择初步进入市场的品项，确定主力单品和各级通路利润率。尤其注意主力单品、毛利率在这里只是初步根据经验设定，最终要根据后面的各区域详细竞品调查做出修正。

1. 选定哪个竞争品牌的产品进行进攻

很多大型品牌会执行全国统一价，竞争也是针对全国性大品牌，大型品牌的价盘在全国差异不大。对于很多二三线品牌来说，由于物流运费高昂，终端价格会发生较大变化，其面临的竞争对手也多为地方区域品牌，从产品属性到价格，每个区域都有较大区别。

因此，要明确本品的零售价定位，首先确定选择哪个竞争品牌的产品进行进攻。遴选主进攻竞品的方法如下。

（1）进行产品属性对比、卖点对比，确定本品与竞品的价值差异处于什么范围。

（2）零售价格的贴近性。

（3）选定竞品的市场份额大或小，这取决于本品的市场目标。后文将进行详述。

2. 分渠道确定本品具体定位

分渠道确定本品具体定位往往是确定产品属性与定价，每种渠道的做法都有差异。

（1）KA 超市型渠道

应考虑零售价格高于竞品还是低于竞品，差异幅度有多大。

如果你的产品属性与竞品差不多，通常做法是提高零售定价使其高于标杆竞品，满足公司及经销商、KA 超市的毛利要求。

因为 KA 超市型渠道的前后台扣点都比较高，非一线品牌谈判能力都不强，谈判资格也不够。除非产品很有特色，采购人员主动且非引进不可，这样你可以压低条款或者采购人员主动给你优惠条款。

如果产品没有让采购人员非引进不可的特色，那便意味着必须遵循采购人员的习惯，前后台扣点会比较高。企业必须有足够的价格空间支持，在成本基本不可压缩的情况下，加之经销商引进新品牌时一般对毛利润的要求较高，因此只能提高零售价。但提高零售价则会偏离产品的定位。此时应该怎么办？——所有的 KA 超市运作都有一个特点，即在进行较大力度的促销时，超市会大幅缩减前台扣点。经销商这时也会降低毛利，也就是共同让利。此时，产品的价格就会贴近产品定位。——这便是高价高促模式，提高零售定价，高于标杆竞品。

运作模式：每月每档选好产品进行较大力度的促销，初期价格选择低于、略高于标杆竞品或与标杆竞品持平（取决于产品属性高出的程度。如果产品属性明显胜出，价格可以持平或略高；如果差别不大，价格略低比较合适）。

（2）传统小店

传统小店的定位取决于两种运作方式。第一种是可以控制终端，促销能够真正到达终端顾客，比如中小型连锁超市；第二种是无法保证促销落到终端顾客的传统零售小店。

在第一种运作模式下，价格可以采用 KA 超市型定位的打法和思路。在第二种运作模式下，定价提高了，而产品属性没有独特之处，无法进行促销，产品便很难卖出去，所以定价就要持平或偏低，但这样毛利就会偏低，加上品牌拉力弱，基本很难存活。即便针对零售店进行大力度的促销使产品进了店，也会积压。如果实在不能大范围销售，可以选择部分控制力强的店运作第一种模式，采用前面章节提到的促销贴模式；也可以用低产品属性的低价品撕开市场，慢慢引入中高端。如果想用差异化的概念产品利用较高定价进入市场，这能否成功，要看产品概念的准确度。

（3）传统零售餐饮批发市场的定位模式

餐饮批发市场的二批商地位等同于传统零售小店，在促销活动中大部分资源会被吃掉，最终能放到终端餐饮店的不多。另外也会造成价盘混乱，这是二批商的又一特性。

定价时，采用较高定价比较好（高出的幅度取决于哪些因素，上文有所描述），留出足够的资源，如果能确保产品放到终端的折后价格较竞品略低 / 持平 / 稍高，运作下来产品也可能成活。若定价较低，毛利空间不足，则会失败。

同传统小店一样，传统零售餐饮批发市场也可以用低产品属性的低价品撕开市场，慢慢引入中高端产品。或者用差异化的概念产品，以较高定价撕裂市场进入，这要看产品概念的准确度。

（四）确定经销商的画像

根据公司制定的目标、行业设定、渠道类型设定、渠道覆盖范围设定、运作技能（由运作方案决定）设定确定经销商的资格"画像"，让开发人员在调查和甄选经销商时有正确的方向，效率更高，这也是未来经销商资格审查时最重要的依据。

◉ 第三节 经销商开发流程：访前准备

一、访前调查

开发前的市场调查，主要目的是分析本品牌在当地市场中的机会，即在本区域的市场竞争环境中，公司能否制定出合适的营销方案，从竞品对手手中抢夺本公司设定好的销售目标。

有经验的开发人员在初期拜访时会将精力多数用于调查市场，访问经销商获取市场和竞品信息，以制定能够确保成功的本区域市场运作方案。

结合调查和方案，当企业认定自身能够成功时，开发经销商的合适时机才来临。如果企业自身也不确定是否能成功，那么开发经销商的难度可想而知。

严格有效的访前调查是制订下一步计划的基础，也是让企业在经销商面前充满自信的保障。

如果没有调查，企业很难在与经销商的谈判中有话可说，只有毫无说服力的空洞表演，在精于此道的经销商看来，只是又接待了一个失败的产品而已。

（一）做整个行业的初步印象调查

通过对经销商（竞品、同类产品）、零售商及其工作人员和消费者（使用者）的询问，调查本区域内客户对整个产品行业的现状、发展潜力、利润、接受度等的了解情况，判断经销商对这个行业的信心程度。

（二）通路竞品的调查：品项、价格、销量

调查各品牌竞品的产品品项、各级通路的进出价、搭赠政策和销量情况。选取样本数要具备一定数量基础。这一步是为了修正进入本区域的主力单品和毛利率。

涉及品牌、产品名称、价格、规格、卖点的必须精确；涉及市场份额、销售额等数据，预估经验数值即可；涉及通路部分的价格及利润率、促销等，如果可能，最好找到与客户关系较为熟悉的人员陪同，这样获取到的信息比较真实。

调查的方法一般有获取一手信息和获取二手信息。获取一手信息是自己直接进行的调研或测试；获取二手信息指的是通过其他人进行了解等。

一手信息的优点是直接、真实、信息复杂且量大，缺点是耗时耗力、样本数低。二手信息的优点是快，缺点是准确性低，复杂信息很难获取。获取

信息一般是两种方式综合进行，只要能通过一定方法验真伪就可以。

去超市调查时，获取一手信息的常规方式是抄写、拍照、调取超市数据或购买大数据；获取二手信息的方式是询问业务或理货员。

（1）关于哪个产品卖得好，通过向超市理货员询问其经验即可获得，或者由业务人员去询问采购人员。

（2）品牌、规格、价格、产品包装属性等信息可以抄写、拍照，或购买样品等，但这种方式往往会被店内人员阻拦。

（3）推着购物车，里面放一些产品，然后在货架前将信息记录到自己的手机上，最后统一录入表格。在调研过程中一定要注意细节，重点统计店名、地址、竞品信息，便于后期查询。

（4）有些产品是做餐饮批发市场或农贸市场，没标价格，要怎么去记呢？

如果是调查，有经销商或业务员熟悉的人，可以让他们带着去直接询问；如果没有熟识之人，那么直接调查就要有技巧了。

如果问批发商的售价（卖给饭店的价格），直接说自己是某家饭店的采购人员，受老板指示来询问价格，来决定从哪家进货。采取这种方式可以多问很多品牌，信息比较真实。

如果是问批发商的毛利空间，那么直接带着产品去，或者拍照片，记下产品的类别、规格、价格，以厂家身份直接问老板加多少钱会卖，一般会得到比较准确的回答。

（三）各品牌经销商及其状况调查

调查内容包括：了解每个品牌的经销商是谁、经营规模和在当地的影响力，经营的产品品牌都有哪些，竞品在其业务中的地位如何，团队如何，在零售商的中的信誉度如何，等等。

（四）竞品在当地配备的团队调查

调查内容包括：竞品公司是由个人负责人负责还是设立了办事处，配备多少人，是深度分销还是传统模式，与经销商关系如何等。

（五）调查各级渠道的零售点数量

零售点数量调查，尤其是零售小店的数量，可以向当地比较熟悉的经销商咨询。至于 KA、连锁、便利店等可以去其总部采购那里获取信息。

（六）调查寻找经销商信息

（1）调查终端及客户，了解各品牌的供货商基本情况。可以从终端反向调查各品牌的供货商，并了解其经营的品类、服务水平等。

（2）可以到当地品牌集中的批发市场了解调查。

（3）最好由熟人推荐一些比较不错的经销商。

（4）竞品代理商：要明白自己的产品相对于竞品的优势。

（5）挖别的企业的下线客户。很多经销商的下线客户渠道是现成的，非常有意向代理经营新的竞品产品线来替换现有产品线，以获取高毛利。

（6）寻找在圈内摸爬滚打、自己创业的经理人。

（7）也可以自己派出团队，在当地直接运作调查。早年青岛啤酒进入北京市场时，面临其他啤酒企业的大力阻击，青岛啤酒派出自己的团队，并且调派外地有意向的经销商去开拓北京市场。

（8）举办区域招商会，邀请行业经销商、分销商等，遴选合格供应商的名单。

（9）参加专业展会，比如糖酒会、肉博会、渔博会、上海国际餐饮食材展会等，获取经销商的信息，会后进行联系、拜访跟进。

通过在区域内调查经销商的信息，初步沟通，制定出合格经销商的备选名录。

二、访前分析：修订政策和目标

调查完成之后，需要分析、估算产品对经销商的吸引力，并修正前期制定的市场开发政策。这一阶段要形成明确的话术，并要求业务人员能准确复述。

例如，针对前期调查获得的合格经销商备选名单和区域信息制定运作方案，从以下几个方面针对各备选经销商制定出相应的话术方案，话术中明确描述本品优势。没有哪个品牌有 100% 优势，关键是能找到经销商感兴趣的比较优势，让其看到与竞品竞争时能获胜的优势。

（一）行业发展趋势

汇总所有材料，综合判断区域内行业的现状和趋势。加强经销商对整个行业的准确认识，可以结合调查点的详细回顾和数据来说服、吸引经销商。

结合增长判定制定当年目标、未来几年的销售目标，给经销商制造直观的销售额数据和利润额冲击。

（二）通路竞品品项分析

分析每个竞品的主力品项、销量及优劣势，寻找本品可以突破的品项和机会点。

（三）分析竞品和本品在消费者表现上的优劣势

通过分析竞品品牌、标签、销量、概念、品评产品来明确本品与竞品的优劣势，以判断消费者在初次接触后的购买转移情况。如果能有强烈的理由证明消费者在初次接触后有很大兴趣转移购买，那么产品基本就会立于不败之地。

（四）行业产品和渠道的空白点和可进攻点

综合分析整个行业的产品、渠道空白点选择竞品品项和渠道进行进攻。根据本品优势，结合前面制定的主力产品名单，再次修正开发区域的主力产品名单，选定进入市场的开路单品。

（五）分析本品、竞品在各级通路上的利润差异

根据本品优势修正本品的通路毛利率，尤其注意标准牌价毛利率和促销毛利率，要将两者有机结合在一起进行分析。

特别注意，本品品牌力如果高出竞品，毛利率可以持平甚至略低，只需要在初期运作给予较大促销力度即可。如果本品品牌力低于竞品，那么通路毛利率设定可以持平或者高出，也可以通过促销增强对要开发客户的吸引力。

（六）竞品与本品在市场运作上的差异

介绍本品的运作方案及优势，分析本品为何能凭借这些优势击败对手获取成功。

（七）修订目标和政策

结合所调查区域的实际情况修订目标和政策，使其更加符合各区域市场要求。

三、访前材料准备

拜访前需要将以下资料准备齐全，以便进行有效的沟通。

（1）宣传册、海报、跳跳卡、DM单等市场物料。宣传册是重要的演示材料，它可以提供给经销商，让经销商详细了解公司、产品，明确公司的优势。

（2）计算器、纸、笔、名片、笔记本等。

（3）价格表：公司产品线类别、产品品项、规格、箱容、零售价、各级通路进出价、毛利率、条形码等。

（4）本/竞品样品、试吃品及用具，用于演示本/竞品的产品属性、标签、概念等。

（5）样板市场、样板店数据分析，这是直观展示公司产品的销售状况及推广实力的证据。

（6）各渠道市场操作方案及政策，用以展示公司市场运作的完善性，证明市场成功的可能性。

（7）公司能提供的条件和支持明细，如人员、车辆、物料等明细及条件要求。

（8）市场管理制度，尤其是关于市场坎级返利、退换货、窜货、乱价等的管理制度。

四、访前规划：制定特征与优势话术

与经销商的谈判不可能一次成功，可能要经过很多次沟通。每次沟通的侧重点都不同，每一次正式拜访前都需要就时间、地点、团队、拜访仪容、话术等做一系列准备。

（一）寻找第三方推荐人

企业与经销商之间的合作，从另一个层面来说，是一个逐渐建立信任的过程。在双方建立起信任关系之前，企业需要经过较长时间的了解和接触，才能使经销商相信其提供的信息，进而有可能达成合作。然而，如果存在一个双方都信任的中间人，这一切过程就有可能变得更为迅速和可能。

尽可能找到一个熟识的第三方。针对第三方介绍人，公司也可以给出奖励政策。

业务员："您好！张总，我是××公司在××地方的区域负责人，我们公司是××××（包含优势）。我的好朋友××品牌李经理向我推荐的您。"这样简练的一句话，不拖泥带水，可以给对方留下深刻的印象。

经销商："李经理向我提到过，说您要找经销商。"

业务员："您看看本月6日~10日我去拜访您，约李经理一起见面吃饭谈谈？"

经销商："好啊，有段时间没和李经理一起坐坐了。"

（二）确定拜访地点、时间

业务员每次拜访经销商的地点和时间都不一样。第一次拜访可能会在经销商的店面或公司，业务员可以早点去观察，但真正交谈一定是在经销商上午忙完之后。如果想要观察经销商如何运作，就要早去；如果不需要，就要错开忙时再去沟通。

初次见面之后的后续拜访，是和经销商拉近关系、取得信任，让经销商进一步了解公司、产品、政策、优势的过程，可以提前约好地点，也可以邀请对方到办事处、公司、样板市场进行考察等。

（三）团队规划

如果可能，要与相关部门沟通，提前规划好市场、产品、推广专案，还要提前规划好领导出面时间。

（四）形象仪容仪表

形象应干练专业，不要太精明。仪容仪表修饰好，至少要体现专业、干练、整洁等特质，也可以根据产品的不同体现出不同的特质。

（五）话术制定和演练

话术的制定和演练，不应局限于企业产品优势的阐述，更重要的是要围绕经销商的利益来构建。这包括与经销商初次见面时的介绍话术，以及基于前期市场调查与分析所提炼出的专业话术。我们需要明确并熟练掌握公司、产品、市场运作的优势及政策，制定出能够证明消费者愿意购买、公司能够实现丰厚利润的话术。最终，我们要形成一套站在经销商企业经营立场，以经销商利益为核心解说的话术体系。

在开发经销商话术时，一个重要的原则是：我们的企业和产品在经销商的经营基础上，能够为经销商带来哪些具体的利益。产品所带来的所有优势，都可以转化为关键利益话术，具体包括以下几点：

（1）产品是否填充了经销商产品结构中的空白，使其在市场上面对对标的经销商或竞品时能够获胜。例如，经销商的产品以中低端为主，缺少中高端产品；或者经销商以中高端产品为主，缺少一款引流的中低端爆品，或缺少一款新的类别（如零添加、有机功能的产品）等。

（2）产品能给经销商带来多少利润，这取决于产品的销售量，而利润额取决于销售额和毛利率。

（3）产品能否提升经销商的毛利结构。如经销商经营的产品多为低毛利率产品，我们的产品是否弥补了经销商高毛利的空白？

（4）企业和产品能在拓展渠道上带来哪些利益，从而更好地满足现有渠道客户的需求，增强黏性，或者产品能增加新的渠道覆盖点数，甚至为经销商打开新的渠道。

（5）企业的市场运作方案能否让经销商在市场上获得竞争优势，力压同行；能否为其提升形象，进而引来更多有实力的品牌。例如，某企业为某经销商策划和开展的促销运作极其成功，结果引来大品牌的关注，该企业还帮助其顺利签约。

◉ 第四节　经销商开发流程：初次见面

一、初次见面沟通

初次邀约非常重要，因为初次见面影响着经销商对公司、产品及个人的第一印象。初次见面可以约着介绍人一起去谈，这样谈起来会顺畅很多。

（一）自我介绍：一句话建立业务员和公司的差异形象

最呆板的自我介绍莫过于："我是××，来自×× 公司（尤其是当公司不出名时，这反而成为负面信息）的业务员。"这种介绍方式仅仅能让人知道你的身份，却无法塑造你和公司的形象。

优秀的自我介绍能发挥以下作用：

（1）展现业务员的可信度，包括地位、专业年限、曾经获得的荣誉等。

（2）体现公司的可信度，可以通过介绍公司所在地的知名度、公司产品的专业性，以及公司在当地或行业中的专业地位来实现。

无论如何，自我介绍时应凸显出业务员的优势特质和公司的优势定位。结合经销商开发流程中的访前准备部分，即使没有现成的优势，也要找出一句能体现特色的介绍。

（二）公司介绍

业务员与经销商见面后，要进行产品图册展示，着重强调公司的优势，边看边说。切忌进行没有视觉物吸引的空谈，要加强对公司远景、策略、发展规划等的描述来坚定客户的信心。

二、产品介绍

（一）细分市场概况

介绍公司产品所在细分市场的长远前景、良好的经济效益和发展规模。虽然有些公司在细分市场的产品数量可能比其头部品牌少很多，但如果这些细分市场的产品是头部产品，那么对经销商的吸引力依然巨大。

（二）本品的定位、消费者利益

介绍本品的定位旨在证明我们选取的细分市场的消费者接受度较高，消费者愿意购买。详细列出本品选择的细分市场的各品牌产品，一一评比各品牌的优劣势、厂家实力、品牌规模、产品质量、包装、测试、推广方式和费用投放等。本品是否弥补了经销商产品结构的空白，这一点很重要，要重点突出表达。

（三）与竞品的产品差异、消费者接受度

利用比较试用（品尝）或者现场卖货演示，来证明本品能竞争过竞品，用场景来展示消费者购买的可能性。

（四）本区域市场的产品空白机会点和公司优势

带领经销商走访运作比较成熟的市场，寻找公司产品的市场空白机会点，如果能证明产品切中了市场空白机会点，便形成了巨大优势，此时再着力说明公司在这个市场上的优势，合作成功率会很高。

（五）消费者促销推广计划

介绍消费者促销推广计划，旨在证明企业有成熟的接近消费者和促使消费者购买产品的规划。

（六）话术

采用 FAB 演示法，通过试吃比较产品、展示产品属性特征、阐述与竞品相比的优势及利益，来构建有力的话术。话术的核心在于证明公司产品相较于竞品的比较优势，并展示消费者在接触产品后的购买可能性。避免空洞的言辞，最好的演示道具就是产品本身。如果条件允许，可以携带竞品进行现场比较介绍，确保所使用的话术是基于前期调查分析得出的优势话术。

"李总您尝一尝，您看我们公司的产品口味上比其他家……我们产品的定位是……概念上比……顾客一接触就会买。"接下来转入产品介绍环节。这一阶段，会根据过程需要不断进行。

"李总，我们的产品定位于中高档零添加，正好弥补了您产品结构的空白。目前某头部品牌 ×× 添加型产品市占率很高，但我们品牌推出的是零添加型，这个市场目前发展很快，我们市场运作投入比较大，在 ×× 城市已经占到添加型产品的 ××%，并且毛利率是 ××%，远远高出添加型产品。"

"李总，刚才您品尝过，我们的产品在几个方面胜出 ×× 品牌太多，我们的产品主要 ×× 成分占比是 ××%，高出 ×× 品牌 ××%。消费者测试的结果是 ××% 会购买我们产品。而在 ×× 城市的 ×× 超市里，顾客的购买率超高，一个月下来占到竞品品牌的 ××%。"

"李总，我们推出的这个口味的产品，绝对是爆品，这个口味在网上的菜肴口味榜位居第 × 名，在几个城市的超市试销时非常火爆。消费者购买率很高，最高时一天售出 ×× 箱，最低也得 ×× 箱，一个月达到了 ×× 箱。您看哪天方便，我带您去实地考察。"

"李总，目前 ×× 类别市场的格局如下，分为 ×× 类别，占比 ××%；×× 类别，占比 ××%；其余的还有 ××，占比 ××%。我们的产品定位在 ×× 类别，我们产品比起 ×× 品牌的优势是 ×× 产品属性。怎么来获取市场呢？我们在 ×× 城市采用如下方式……最后获取了 ×× 品牌 ××% 的市场份额，每个月有 ×× 万元销售额。"

"李总，目前我们产品的这个分赛道每年成长率达到 ××%，在 ×× 城市目前是一个月 ×× 万元销售额。在这个细分赛道里，我们目前与 ×× 品牌不相上下，有些区域我们领先，有些区域 ×× 品牌领先，刚才您品尝过，我

们的产品在 ×× 几个口味上明显占据优势，价格定位在 ×× 元也非常合理。"

在产品优势不明显的时候，产品价格低、毛利率较高或者有推广费用就是优势，一定要计算好费用占比，大经销商对市场量大、毛利率高的产品感兴趣，中小经销商则对市场量适中的产品感兴趣，市场上总能找到对自己产品感兴趣的经销商，关键是找到能打动他们的需求点。

三、价格介绍

价格介绍涉及零售价定位介绍，各通路毛利率介绍，与竞品零售价、毛利率的比较优势介绍。

演示工具：价格表、计算器、纸、笔。

结合样板市场、区域内调查时的具体门店的数据估算推算经销商能获取的利润。

（一）针对 KA 渠道

"李总，我们的产品可以为您带来比较丰厚的利润，让您的生意更上一层楼。

"您看主力的 500ml 规格的产品，零售价 ×× 元，卖场毛利前台 ××%，后台 ××%，您的毛利 ××%，促销折合价 ×× 元，卖场前台留 ××%，后台不变，您的毛利是 ××%。

"这是我们在与邻近的 ×× 城市的 A 类大超市 ×× 店实测的数据，您看（出示证据）一个月销售 × 百箱左右，折合 × 万元。60% 是自然动销，您的毛利额是 ×× 万元；40% 是促销，促销后平均毛利率在 ××%，毛利额在 × 万元，总计毛利额是 ×× 万元。其余规格的销售毛利大约 × 万元。咱们这里有 × 家，总计利润大约在 × 万元。"

针对 B 类大超市，做同样类似的数据展示和介绍。

"这样整个地区的大超市每月利润大约在 ×× 元，一年利润是 ×× 万元。

"促销活动方案如下：前三个月促销采用试吃＋捆绑模式，周末的单店推广 2 场次 / 店，总计 ×× 场。后三个月进行 3 人小型抽奖游戏活动……三个月后……

"我们每个月提供的支持如下：堆头 × 个，周末推广场次 × 场，每场提供 × 个促销员，促销人员提供 ×× 元。

"这些都是实际数据，您可以去实地考察、验证。"

（二）针对流通渠道

"李总，我们的产品在流通店里定价和毛利率优势很强，可以为您带来比较丰厚的利润，让您的生意更上一层楼。我们的产品价格体系是这样的：以 500ml 的主力产品为例，零售价 ×× 元，零售店进价 ×× 元，毛利率是 ××%；竞争品牌 ×× 的零售价是 ×× 元，零售店毛利率是 ××%，我们留出的空间与对方持平。而我们的优势在于，每月都会有铺货力度和促销，保证在零售店利润上高于竞品。您的进价是 ×× 元，毛利率是 ××%，竞争品牌 ×× 的进价是 ×× 元，毛利率是 ×× 元，我们比它高 ×%。

"我们前 6 个月的促销规划如下：× 月会选择 ×× 个规模较好的样板店投放 ×× 捆绑促销，或者 × 月投放陈列 +×× 捆绑，利用 × 月瓶内投放奖卡、× 月再来一瓶等活动拉动顾客购买。

"您看单据，这是 ×× 经销商在 ×× 城市的实际发货数据，A 类店平均一个月发货 ×× 箱，区域一共有 ×× 家，正常发货占比 40%，铺货力度是 n 搭 1（快消品行业给客户促销政策的通行做法是搭赠，比如‘10 箱赠送 1 箱’习惯称为‘10 搭 1’），计算经销商的利润额是 ×× 元，零售店的利润额是 ×× 元。B 类店是……

"这里 A 类店大约有 ×× 家，B 类店大约有 ×× 家，前期我们只铺这两类，铺货率以第一个月 30% 计算，第二个月 70% 计算，一个月总计利润是 ×× 万元，一年的利润大约是 ×× 万元。

"李总，您经营的产品以低毛利率为主，有这么好的渠道，正好引进高毛利的产品提升利润。"

四、渠道开拓介绍

这一环节主要阐述公司产品如何与对方渠道有效匹配，强调我们能为对方提供的渠道操作支持，以及协助开拓新客户的能力。具体内容如下：

（1）公司在本区域的渠道规划，要结合竞品的现状来介绍。

（2）竞品在本区域渠道的优劣势及机会点。

（3）渠道开发策略。

（4）渠道政策：针对经销商的、零售商的且证明公司有分销下去的成熟方案。

（5）渠道支持：费用、物料、铺货支持、招商等。

参考话术如下。

"李总，与我们合作，您能增加很多与超市的合作机会，您看，我们的产品定位是很独特的，目前很多超市采购很感兴趣，计划引进。尤其是在上次的展会上，咱们这里的几家超市采购很感兴趣，已经约我们去洽谈，签约也就顺理成章了。如果我们达成合作，您的生意一定会更上一层楼。"

"李总，我们一旦合作，能为您在流通小店的开拓上增加很多店，这是我们在××城市的铺货数据，为新经销商赵总开拓了126家新店，因为我们的铺货方案和运作是非常成熟的，与其他厂家不同，您看我们的铺货是这样开展的……"

"李总，我们一旦合作，还可以助力您顺利开拓餐饮渠道，我知道您已经开拓餐饮渠道半年多了，进展很不错，我们的产品在餐饮渠道很有吸引力，适用面广，不但可以弥补您在餐饮渠道上的产品结构空白，还能吸引新的客户。"

五、市场运作介绍

（1）本公司的市场运作特点。

（2）样板区域、样板市场、邻近市场、自行售卖小店销售的实际数据，预先调查下游客户的进货意愿等。

（3）坎级目标、返利政策。

（4）订货、付款、物流、售后流程等。

（5）订货坎级沟通。

（6）月度促销支持政策等。

参考话术如下。

"李总，我们公司的促销方案绝对会让您的公司在××城市独树一帜，凸显您公司的促销推广专业度，关键还能提升您的行业地位，让更多大品牌来找您合作。

您先看看我们在××城市的运作方案介绍，怎么样？亮不亮眼？专不专业？这些都是我们与经销商团队一起协作完成的。"

◉ 第五节 经销商开发流程：后续跟踪

一、异议解决

异议解决是一个长期且反复的过程，可以反映出经销商对公司、产品及交易条件的疑虑和不信任。经销商每次提出异议时，都是业务员再一次展示公司比较优势的机会，要及时抓住这些机会。

针对经销商的异议，一个有效的应对策略是引入竞争机制，为经销商创造一个竞争的环境，永远不要只与一家经销商进行谈判。

（一）公司、质量异议的解决

在应对经销商对公司和产品质量的异议时，公司应准备一套标准话术。通过阐述公司的愿景、策略和发展规划来增强经销商的信心。在产品质量方面，应提供详细的材料、证书等证据，以向经销商证明产品的质量和可靠性。

（二）产品不好卖异议的解决

当经销商担心产品不好卖时，业务员应利用市场机会、产品比较优势等话术进行说服。可以展示事先准备的市场调研和消费者测试结果以及试销案例，来说明消费者对产品的接受度，从而打消经销商的顾虑。此外，还可以带领经销商参观销售旺点的样板店，以实际销售情况来证明产品的市场潜力。

（三）价格异议（零售价高、毛利低等）的解决

（1）强调利润才是经销商最终的利益，而非单纯的价格。

毛利额是由销量和毛利率共同决定的，二者之间存在辩证关系。

对于品牌力强的产品，虽然中间毛利较低，价格透明，但销量大。可以通过高销量乘以低毛利率得出的总利润额来解释其盈利性。

对于品牌力弱的产品，虽然销量可能较低，但价格不透明，且不用担心窜货问题。可以通过较高毛利率乘以市场运作成功必然性带来的预估销量以及未来较高的增长率，来证明其利润的客观性。

利用消费者调查与测试来说明产品接受度，证明产品售出不是问题；通过公司针对渠道的铺货政策来说明产品的铺货率可以实现；通过针对消费者的系列活动来说明销售拉动也不是问题，以此综合证明产品肯定会成功，并赢得消费者。用不同级别样板店的销售数据乘以毛利率来证明利润额的吸引力。

需要注意的是，价格、毛利只是合作利润中的一部分。有些企业可能价格、毛利持平，但会给出较高的返利（如坎级返利），这也是经销商在考虑合作时需要权衡的因素。

（2）产品价格与毛利的关系通常受到品牌力和产品力的共同影响。品牌力强、产品力强的产品，往往定价较高，毛利相对较低；品牌力较低但产品力强的产品，有可能通过高定价策略实现较高的毛利，毛利水平则视市场策略而定；品牌力和产品力都低的产品，若其价格和毛利都高，则需要依赖促销活动来推动销售。

①针对品牌中等、价格高的情境。

经销商李总质疑："王经理，你们的品牌在行业里并不算顶尖，远远比不上 A 品牌，产品价格也不低，甚至比 B 品牌还要高出不少！"

业务员王经理回应："李总，我们的产品价格确实比 B 品牌高一些，因为我们的品牌定位并非与 A 品牌直接竞争，而是瞄准了 B 品牌。我们的产品在多个方面都比 B 品牌有优势，您刚才也试过了，无论是品质还是性能，都比 A 和 B 品牌要好。价格上只是高出一点点，但考虑到我们后续的广告投入和促销计划，我相信我们的产品销量会远超 B 品牌。"

②对于品牌力比对标品牌力低但价格高的情况。

"李总，我们的品牌力确实比 A 品牌弱一些，但您刚才也品尝了我们的产品，口味上比 A 品牌要好不少。顾客一品尝，自然会选择我们。而且，我们给您的毛利率很高，费用投放也慷慨。您看过我们的促销方案，我们会投放多种形式的促销活动，活动折合价有时甚至低于市场价，非常有吸引力。再加上我们计划的试吃活动，顾客一旦品尝，您说他们会选择谁的产品？哪怕只有30%的顾客选择我们，市场量也会非常可观（此处可引入具体计算利润的数据），慢慢回头客会逐渐增多，毛利率也会比 A 品牌高得多（可再次列举样板市场数据来支持）。"

（3）当企业产品的品牌力和产品力都一般时，选择与自己实力相当的对标竞争品牌至关重要。如果错误地选择了实力强劲的大品牌作为对标，经销商很难相信你会成功。因此，应选择当地销量还不错的三四线品牌作为对标，只要能证明企业产品胜过它们即可。

经销商李总提出疑虑："王经理，你们的品牌比 A 品牌差，也不比 B 品牌好，产品也没什么突出的特色，很难成功。"

业务员王经理回应："李总，我们的品牌力确实比 A 品牌弱一些，但与 B 品牌相比，我们并不逊色。我们的产品很有特色，您刚才也品尝过了，口感比 B 品牌还要好。据我所知，B 品牌在市场操作上非常呆板，给出的毛利也很低。而我们的优势在于市场操作方式灵活，市场费用高，促销力度大，给出的毛利率也高。您看，很多三四线品牌在市场上都做得有声有色，关键就看怎么运作。比如我们在 ×× 市场就是这样运作的……每年销量达到了 ×× 万元，利润也达到了 ×× 万元，这是非常有吸引力的。您可以打电话问一下

这个区域的经销商 × 总。"

（4）为了增强说服力，可以列举其他类似品牌成功的例子。这些例子在市场上很多，可以用来证明即使品牌力和产品力一般，通过正确的市场运作也能取得成功。

业务员王经理举例说："李总，您看 ×× 品牌不也是价格高吗？和我们类似吧？"

李总反问："×× 品牌是和你们差不多，但是你知道他们是怎么做市场才成功的吗？"

业务员好奇地问："李总，我也很感兴趣，他们是怎么运作的？"

待李总给出 ×× 品牌成功的具体运作方式后，业务员接着说："对啊，李总，所以说市场是运作出来的。您看我们是这样运作的……（详细阐述自己的市场运作计划）"

（四）合作条款异议的解决

在处理合作条款异议时，如坎级、返利、政策支持等，需要重点强调每个阶段的合理市场量、利润总量以及公司投入的费用量等。

（五）售后异议的解决

对于售后异议，如滞销、退换货、客诉处理等，可以利用样板市场的滞销数据来证明处理方案的有效性，并明确滞销政策以解除经销商的顾虑。对于退换货和客诉处理，也应运用相应政策及其他经销商的实际案例来证明公司的处理能力和诚意。

（六）经销商表现冷漠的解决方法

当经销商表现冷漠时，业务员需要保持诚心、耐心、恒心和贴心。应自问自答地列出经销商可能关心的问题，并给出解决方案或解释。通过积极的沟通和耐心的解答，逐渐赢得经销商的信任和合作意愿。

（七）其余借口的解决方法

对于经销商提出的其余借口，如资金紧张、市场不好做等，需要认真分析并给出合理的回应。实际上，经销商可能并非真的资金短缺或市场难做，而是想寻找更有吸引力的产品。此时，业务员可以强调自己产品的优势和市场潜力以及公司提供的支持和帮助，来打消经销商的顾虑并促成合作。

二、经销商情况全面调查

选择合适的经销商对于企业的市场拓展至关重要。不应单纯追求大经销商，因为许多大经销商对于市场量小、品牌力弱的企业往往不够重视。因此，企业应根据自身进入市场的中前期目标、品牌力、产品力、细分市场的重要程度和占有率，选择那些对公司给予足够重视的经销商。

在选择经销商时，需全面考察其合作的真实意愿、经商理念是否与企业相符，如市场运作方式、是主动开发市场还是被动等待客户等。同时，还要深入了解经销商的企业管理理念、管理方式、正规化水平及团队建设等，以评估其未来发展空间。

经销商调查应贯穿经销商开发的全过程，包括开发前、开发过程中及开发后的专项评估，以全面评估其资信和实力。具体评估内容如下。

（一）资金实力

不应仅看重注册资金，而应深入了解经销商的流动资金、资产等实际数据。若无法直接获取，可参考其他大品牌对经销商的授信和政策，尤其是在进货时，了解经销商手中主要品牌的月订货量等。同时，通过走访经销商的主要下线客户，了解出货量及结款信誉，特别是经销商在超市的运营情况，可基本推算出经销商的资金状况。

（二）店面、仓储物流

店面的位置、大小、装饰、布局等，仓库的位置、大小、布局和管理科学程度（如离地离墙距离、先进先出、堆放等），车辆的类型及数量（尤其是用于细化区域管理的车辆）等，都反映了经销商的实力及管理水平。

（三）产品线

了解经销商的品牌及产品线，通过其经销的品牌和分销的区域来判断其实力。

（四）覆盖面及其开拓能力

亲自走访调查经销商覆盖的渠道类型、铺货点数、陈列情况，并跟随经销商的送货车去调查，判断其渠道实力和开拓能力。

（五）价格控制

走访经销商的下线客户，了解其对价盘的掌控程度及在终端的价格控制情况。

（六）管理能力

通过询问经销商接受新产品后的运作方式，了解其市场运作理念；询问经销商对其他区域窜货的解决方法，了解其市场管理能力；参加经销商的会议，通过与经销商团队沟通，了解其人员管理、团队忠诚度及存在的问题等，进而分析经销商的管理理念和方式。

（七）发展企图心

通过交流了解经销商对自己业务的规划发展。

（八）合作品牌销售情况

了解经销商合作品牌的销量、进货、铺货、促销等情况，判断其销售水平和关注点。

（九）对本品的喜爱程度

通过沟通了解经销商对本品的投入程度。

（十）口碑

了解下线同行、竞争品牌同业对经销商的评价。

（十一）客情关系

查验经销商与下游客户的客情关系，了解经销商的客户维护水平和能力。

（十二）门店运营状况

观察门店早上开门后和晚上关门前两个小时的状况，以判断其出货情况和经营状态。

三、沟通确认，反复进行

对于与经销商的沟通，已经达成共识的，要在笔记本上或洽谈备忘录上进行确认；有异议的，同样要做确认，以备下次沟通。这样做既显得专业，也让洽谈过程条理清晰，不用反复纠结。

与经销商的沟通是一个耗时较长且需反复进行的过程，不要指望一次就谈成。经销商能否被成功开发，取决于其是否相信企业的产品能在市场上售卖成功，以及他们对毛利率、对市场的科学运作、区域保护、厂家信誉等因素的考量，而厂家对经销商实力、信誉以及运作管理水平的判断，都是在这几个关键点上进行反复验证的过程，因此上述信息的使用在不同阶段可能都会被涉及和使用。

四、合作意向初步达成

一旦达成初步合作意向，应尽快邀请经销商到公司总部考察或参加公司订货会；邀请公司高层参与经销商的最后达成谈判。与此同时，要对经销商进行资信调查等工作。

五、最终达成合作

经过双方的考察及深入了解，尽快制定适合的市场运作激励方案，可以给予相应的打款激励政策等，以促进最终签约达成合作。

后续要进行追踪发货、启动铺货和终端推广等工作，慢慢建立信任，成为长期合作伙伴。

六、3个月考察期

考察期是对经销商进行全面评估的阶段，主要深入了解其资质、运作理念、运作方式以及运作能力。具体考察内容包括前期提供材料的准确性、打款是否及时、销量表现、铺货进展情况、促销推广的执行与配合度、费用投放的程度以及费用核销的准确度等多个方面。

完成考察后，需出具一份详细的考察报告，对经销商的各项表现进行综合评价。若考察结果为合格，则与经销商开展正式合作；若考察不合格，则终止合作。

第五章

完成渠道任务：
经销商管理

经销商是品牌厂商实现销售任务最重要的媒介与桥梁。区域市场实际上是经销商与企业一起运作的成果。在电商、KA超市成为主流的观念中，三四级市场（包含乡镇市场等）中很多品类的绝大多数销售额还是掌握在经销商、分销商、传统零售商手中。面对同样的市场、同样的资源和配置，不同的经销商运作就会有不同的业绩。市场的发展与经销商密切相关，管理好经销商是确保销售任务完成和市场开拓目标实现的关键。

◉ 第一节　经销商管理的前提与核心

一、了解经销商的核心优势

产品成功销售给消费者是最终目标，积压在渠道中并无实际意义。因此，市场终端管理，如陈列、跳跳卡、围挡、海报等消费者认知教育手段，以及促销诱导策略（如特价、买赠）构成了市场运作的核心环节。

大多数经销商业务人员专业性不强、工作态度不好，因此其终端的引单及维护很难达到标准。很少有经销商可以自行把市场完全管理好，尤其是在品项铺货率、市场终端陈列及促销竞争等方面，他们最多也只能延缓市场下滑的趋势。因此，经销商管理的规律是：大规模铺货—缓慢下降—再大规模铺货—缓慢下降……

所以铺货及市场终端管理是经销商的核心技能。经销商的管理是市场管理工作的外延。企业和经销商应该共同关注市场管理职责与权利分配过程等工作维度（市场管理），而非仅仅关心关系维护。

经销商管理工作的目的就是市场铺货、促销、陈列、广告宣传的执行。作为一个能在市场激烈竞争中生存下来的经销商，支撑其生存下来的核心竞争优势有哪些？

（1）开发客户和维护客户的能力。经销商的区域是固定的，这意味着客户总数是固定的。经销商如果不具备良好的客户开发和维护能力，那么其渠道覆盖能力也将大打折扣。

（2）终端店面的消费者获取与维护能力，包括消费者告知环节（海报、跳跳卡、DM 单、陈列）和促销环节的能力。

经销商的所有资源和管理都是围绕以上两个核心竞争优势展开的。

二、经销商管理的前提

企业一定要与经销商明确各自的主要职责。

（一）明确双方共同的主任务

分工之前，先明确所有的主任务，再细分企业和经销商各自的职责。双方共同的主任务包括：打款进货、送货；提供促销资源及工具、道具、推广人员，核销费用；产品的进店铺货；门店陈列、价格维护、广告宣传物料的布置；促销规划及执行；户外推广；渠道关系及渠道问题解决。

这些是一个品牌在市场上生存下去的主要因素，只有满足了这些，双方才能赚取利润。

（二）分好职责

根据每项主任务，双方明确分工，确定好主职责和辅助职责，并签字确认。谁的职责谁来承担，另一方做好辅助与填缺补漏，这样才能建立良好的合作关系。

每个厂家或经销商的管理模式、优劣势不同，意味着两者会承担不同的职责，但在快消品市场，基本的职责分担是公认的，差别不大。企业和经销商各自对自己的任务认真负责，是获得利润的关键。

三、经销商管理的 9 个核心点

从管理过程的角度看，经销商管理其实就是区域市场运作的管理及市场问题的解决，经销商管理的 9 个核心点如下。

（1）终端消费者管理：关注影响消费者决策的因素，如包装、广告宣传、爆炸贴等注意力吸引手段，促销策略，价格设置，以及产品力的提升。企业和经销商的最终共同目标是协同开展终端消费者环节的工作，以夺取竞争品牌的市场份额。

（2）终端店面管理：涉及库存控制、特殊陈列、主要陈列位置的管理，以及价格策略的执行。

（3）抢夺终端零售客户及资源管理：通过利润（包括促销和价格空间）的优化以及客情关系的维护，来争夺终端零售客户及其资源。

（4）团队管理：致力于打造一支专业的市场运作团队。

（5）物流管理：确保拥有合适的运力以满足市场配送需求。

（6）资金管理：保证有足够的资金流支持市场运作。

（7）产品管理：实施 1.5 倍安全库存策略，进行压货与分销的循环管理。

（8）竞品掌控管理：确保提供给终端零售客户和消费者的价值（包括品牌力、产品力和价格）始终略优于竞争对手。

（9）经销商意愿及关系管理：维护和增强经销商的合作意愿，建立良好的合作关系。

四、品牌力的影响

品牌力强的企业，选择的经销商规模较大，其管理一般比较完善，对经销商的制约力也强。企业对经销商的管理重点集中在目标规划和要求、市场规划（新产品铺货、渠道开拓、陈列、促销等）、培训、市场检查（检查的目的更多带有惩罚意味）等工作。而打造经销商意愿和关系的工作（有时甚至是经销商主动来与公司打造关系）以及执行追踪工作，可能会弱化。

品牌力弱的企业，对经销商的制约力也弱，经销商的规模较小，管理相对薄弱，即便是大经销商，对企业的重视度也不够。

企业对经销商的管理侧重于合作意愿度和关系打造，还有配合经销商在执行上的要求，比如铺货、陈列、促销的跟进和手把手指导，对经销商团队的激励等。对于市场检查中出现的问题，企业要与经销商共同商讨改善方法。

影响公司与经销商合作的主要因素有：产品的售出数量（品牌力、产品力的作用）、渠道的开拓、铺货行动、促销资源投放及落地方式、陈列的执行、资源投放、费用核销、区域保护、打款情况等。

五、"金牛—排骨—鸡肋"法则

传统经销商常面临诸多困境，如运营艰辛、管理不规范、团队技能与素质偏低、薪资水平不高以及管理难度大等。在这样的背景下，那些市场排名较后的品牌往往成为经销商的棘手问题。为了赢得客户的更多关注，我们可以借鉴"金牛—排骨—鸡肋"这一法则来区分品牌为经销商带来的不同利益水平。

（1）金牛：代表巨大利益，是经销商绝不愿放弃且会极力争取的品牌。这类品牌通常具有强大的市场吸引力和盈利能力。

（2）排骨：虽非巨大利益，但也是经销商不愿轻易舍弃的部分。在面临困境或压力时，排骨类品牌可能会成为经销商的牺牲品，但如果利益稳定且未受侵害，经销商往往倾向于维持现状，不愿进行大的市场变动。

（3）鸡肋：食之无味，弃之可惜。这类品牌往往因经销商团队的惰性而难以实现大的市场改变，尽管企业可能要求经销商进行改变，但实际执行难度较大。

（一）企业给予的利益是"金牛"

企业只要稍微给经销商一些暗示，经销商就会马上行动起来，以维护品牌地位。这是很多一线品牌的做法，他们有强大的品牌拉力，可以给予经销商巨大的利益。

只要把货铺到经销商那里，经销商就会迫于压力分销到终端，这也是一线品牌最简单、高效的做法，一线品牌没必要做二线品牌的动作，费力、费时且见效慢。

因此，销售团队在处理经销商意愿和关系上相对舒服。只要管理层、销售团队会有效压货，经销商就会努力响应，精耕细作做市场。很多经销商都有合理的品牌结构，以防手中的品牌出现大的变动，影响其经营。

（二）企业给予的利益是"排骨"

要有效管理经销商，需满足以下条件：首先，企业需明确向经销商展示其品牌为"排骨"级别；其次，企业推动的改变应主要集中在易于实施且效果显著的方面，以克服经销商及团队的惰性；最后，若经销商不遵从企业要求，企业应采取实际行动调整利益分配，包括处罚措施，以促使经销商重视并遵守企业规定。销售团队需具备足够的方法和智慧来应对这一挑战。若企业长期忽视市场管理，导致市场混乱和客户忽视，则需努力运作市场并明确展示未来利益，以重新赢得客户信任。对于规模较小的经销商，企业应强调合作价值并提供合理的市场运作方案。

（三）企业给予的利益是"鸡肋"

在这种情况下，企业在与经销商的关系中处于劣势地位。此时，企业应努力提升品牌力和产品力，积极运作市场以增加经销商的利益回报，从而提升其对企业品牌的重视程度。销售人员需寻找客户无法拒绝的合作理由，或尽快寻找将企业品牌视为"排骨"级别且门当户对的合作伙伴。

◉ 第二节　经销商管理工作流程

扫码查看经销商管理工作流程

一、经销商管理的目的

企业要明确对经销商的管控内容，这样才不会在与经销商日常合作的过程中迷失方向。对经销商的管控内容包括：销售目标，渠道开发目标，确保终端增长良好，注重终端产品的齐全度和铺货率等。

（一）销售目标

一定要给区域经销商制定一个科学且有挑战性的目标，他们才会有压力和动力。有了目标，也就有了费用额度，经销商才可以行之有效地规划促销和开发激励活动。

（二）渠道开发目标

针对渠道，必须明确开拓的目标和进度。

（三）确保终端增长良好

经销商管理的最终目的是其终端分销商的销售状况良好，因此，管理重点一定要倾斜到终端的分销管理上。

（四）注重终端产品的齐全度和铺货率

确保本公司产品在终端的品项齐全度和铺货率达标。

（五）终端产品的回转、陈列、品牌满意度控制

控制终端产品的回转：先进先出和陈旧产品的处理及促销，控制好产品陈列，提高消费者满意度。

（六）终端政策贯彻好，渠道关系好

确保政策能贯彻到终端，对终端零售商有吸引力；确保终端分销商对公司品牌的印象良好。

二、经销商的类型

经销商有如下四种类型。

（一）自我为中心型

这种经销商的水平可能确实很高，其公司规模大，但会不服从企业的运作管理，还会对企业的运作方式指手画脚。针对这种类型的经销商，要与其一起走市场，根据市场实际问题来制定具体方案，切忌空谈。

（二）服从型

这种经销商配合意愿高，忠诚度高，愿意按照企业的政策和规划开展工

作。这种经销商可以加大扶持，做样板市场。

（三）抗拒型

这种经销商与企业处于对立面，处处与企业作对，需要考虑换掉。这种类型的经销商可能是因为有积怨，才会与企业作对。企业应该先了解问题，如果能解决问题，这种经销商可能会成为优秀的合作伙伴；如果不能解决，优先考虑替换。

（四）两面派型

经销商表面一套、背后一套，承诺的事情总不兑现，属于需要尽快淘汰的类型。

在经销商管理中，关键是要根据他们的个性特征来调整沟通方式。在尚未替换或无法替换的情况下，企业应努力将他们的注意力引导到双方的共同目标上，以最大化合作效益并减少潜在的风险。

三、关系管理策略

经销商管理不是简单的业务上的沟通，还应该确保经销商的思想与企业保持统一，这样才能确保经销商能够积极配合并执行各项工作。

（一）"一拉二推三打"策略

如果经销商有对立情绪或不好的想法，企业要及时引导其回归"正途"。

一拉：利用引导策略，让经销商认清事实，向其讲道理，讲投资回报率，让经销商意识到产品的发展前景，激发其主动积极开发市场。

二推：给予经销商市场支持和政策，协助经销商解决问题，传授其方法和技巧。

三打：对于不行动、不配合的经销商，要给予惩罚或取消对他的支持，还可以设立奖励机制引导其改变，如果经销商仍不配合，则要考虑替换。

（二）双赢共同开拓

市场是双方的，需要企业和经销商的共同爱护和维护。大家都需要投入精力和资源，仅仅让一方加大投入是不合理的。将开拓和维护市场设为双方的共同目标，大家在这个过程中分担不同的职能，以实现双赢。

（三）保持思想沟通一致

企业个仅要与经销商沟通，还要与其团队沟通，与经销商沟通得再好，最后也是要让其团队去执行，因此要时时了解其团队的想法。

（四）多利用经销商资源

资金、仓库、车辆、渠道关系和团队等都是经销商现有的固定资源，不管这些资源的利用度如何，经销商都要为其付费。因此，如果你能高效利用，给经销商创造利润，那么经销商是很乐意的。

四、月度目标管理

（一）目标设定

设定月度总体销售目标，可能有的公司总部已在年度目标制定时确定了这些目标，也可能按客户开发进度或者时间的推进而调整。

（二）目标分解到各渠道

根据渠道的特点，按照合理的占比，将月度目标分解到渠道及具体的渠道客户身上。

（三）目标分解到各单品

将月度总体目标分解到具体的 SKU。

（四）目标分解到销售进度

比如某客户某月回款 300 万元目标，如何分解？

制订分时段计划：根据客户习惯，将回款分为 3 次，5 日回款 150 万元（可多 10 万元），15 日回款 100 万元（可多 10 万元），22 日回款 50 万元（可多 10 万元）。

对于 5 日回款 150 万元的目标，进一步细化为以下行动。

（1）月初沟通此客户回款计划：3 日。

（2）盘点库存：3 日。

（3）制订促销活动和分销计划（铺货、促销、分销）：3 日。

（4）根据促销和分销计划预估销量：3 日。

（5）制定订单：3 日。

（6）了解沟通客户资金状况（此项工作可以提前）：3 日。

（7）沟通订单和回款事宜、追踪打款；3 日。

（8）追踪客户资金到位、打款：4 日。

（9）追踪确保回款：5 日。

（10）确保促销活动及分销活动展开所需的资源支持：物料、赠品、产品、人员、车辆等。

（五）目标管理及排名激励

可做经销商排名激励，不同区域设定不同系数，根据达成率和系数计算排名。根据排名进行奖励，设定获奖的最低条件。一般来讲，经销商进货就是压货、分销的过程。因此，第 1 个月奖励进货与当月目标的比例，第 2 个月就要奖励分销与当月目标的比例，如此循环。奖励对象是服务于本品牌的团队，而不是领导。

这种排名关乎经销商的荣誉，可以说是行业排名榜，团队也能得到奖励。因此，团队会催老板打款进货，老板也会拼命催促团队分销。

在此过程中，企业需要制定针对经销商领导和团队的话术。

五、月度产品促销规划

为推动产品更好更快地销售，完成销售目标，需要制订月度促销计划，这个计划可以是公司给经销商统一规划的，也可以是针对某个经销商单独制定的，当然前者的概率大一些。

月度产品促销规划具体内容如下。

（1）提供并沟通市场上对标竞争品牌的信息。

（2）产品销售分析，包括同比、环比分析，整体及分单品、分渠道的销售分析，以及竞品销量或活动分析。

（3）促销品项选择。优先选择销量贡献大的单品；注意有潜力但目前区域销售占比偏低的产品，加大促销力度；新产品或者销售明显下滑的单品，视具体情况而定。

（4）促销活动针对渠道设定，目的明确。

（5）促销活动政策及方式，由市场部或者区域销售提出建议。

（6）促销活动是应对市场竞争的最有利的方法，也是经销商的核心竞争优势。

（7）促销费用及费用率计划。这是成本控制的要求，费用必须合理，费用过高或过低都可能达不到预期效果。

六、月度渠道拓展规划

（一）各渠道销售分析

针对经销商每月达成的销售情况，分析各渠道的达成状况，分析各渠道的增长或下滑趋势，分析原因，找到对策，找到可突破的空白渠道和空白区域。

（二）空白及弱势渠道开拓目标设定

针对空白渠道、空白区域，要设定开拓的目标店铺数量，实施目标激励政策，重点强化这部分的销售拓展工作。

（三）空白点或补强铺货开拓计划

针对拓展目标，设计相应的铺货计划来落实工作。除了品牌整体上的空白外，还要注意分产品的渠道拓展，该区域销售不佳的主力产品、潜力产品、新产品等，需要加强分产品的渠道补铺和开拓工作。

七、月度助销物料规划

月度助销物料规划工作应先在公司层面由上而下进行，再在业务层面由下而上汇总，或者从业务层直接发动。具体规划如下。

（一）明确各渠道及活动对助销物料的需求

每月制订计划时，一定要提前做好助销物料需求计划申请，这样有利于相关部门开展计划、设计、采购、仓储、运输等一系列工作的有序安排。

（二）助销物料类型、内容确定

确定好助销物料的类型，不同渠道、不同形式的活动对物料的形式和内容要求不相同，这些工作一定要与市场部门沟通清楚。

（三）使用方式确定

对于物料的使用方式，一定要做出标准化的物料使用方法、保管和归还要求。对于一些操作比较复杂的物料，制定详尽的使用说明并组织培训，防止出现使用错误的情况。

（四）数量及费用确定

确定数量及费用，用于合理安排资源预算和费用率控制。

八、月度执行追踪

（一）每周回款追踪

涉及销售进度（分单品）和回款追踪，包括 Sell-In（指出货）和 Sell-Out（指实销）。

（二）渠道开拓进度追踪

和经销商一起分析检讨进展情况，保证工作按进度推进。

（三）助销品到货情况及使用进展追踪

助销物料是一线销售最重要的工具，因此要提前追踪公司各部门的到货进度，以便及时发出。产品到达经销商的仓库后，要尽快追踪提货及使用状况，以防最后积压在经销商仓库内。

（四）促销活动执行追踪

促销活动执行追踪需要注意主要工作是否按时展开、相关人员是否都得到了通知、传达的信息是否全面真实、活动政策是否执行到位等。

（五）库存盘点及订单安排

在固定时间盘点，在固定时间下单，让经销商养成习惯。

（六）终端客户回转及表现检查

密切关注主力产品回转如何、陈列如何、有没有受到竞品攻击、被攻击程度如何等。主力产品的回转如果出现问题，市场就会出现大问题，要密切关注主力产品的回转。还要关注新品二次下单情况、每月经销商的有效性比例、终端陈列及分销等。

九、经销商费用核销

经销商垫付的费用或公司的奖励及投放费用，对经销商来说是其重要的利润来源。因此，要及时对这些费用给予核销，这在与经销商的关系管理中占据重要地位。

（一）及时统计经销商该核销的费用

提前统计好费用清单，与经销商约定每月／周固定的对账时间，确保时效性。

（二）费用由双方沟通确认

一定要提前确认是否存在异议，提前按照公司的要求出具对账单或者其他证明予以确认，而不是到了对账日才慌忙提出要求。很多公司都有明确的对账时间，一旦错过对账时间，会导致经销商费用大幅延迟到账，容易引起经销商的反感。

（三）申请、追踪及反馈

将费用核销纳入日常工作管理，及时申请，并追踪和反馈给经销商。

十、经销商团队激励方案

经销商团队的紧密配合对于业务成功至关重要。因此，制定合理且有效的激励方案是不可或缺的。本激励方案主要围绕以下四个方面展开。

（一）规划经销商及其团队的激励方案

企业每个月都要将经销商及其团队的激励工作作为一个重要规划工作来做。针对市场上的重要问题、难点等，适当的激励政策是最好的工作催化剂。但是要注意，激励包含正面激励和负面激励，两者都要施加，若一味地施加正向激励最后只会成为公司福利，而失去其应有的效果。

（二）激励分销、铺货、主动推荐销售

经销商会代理很多品牌，其业务团队很难全部顾及，因此，针对重要的分销量、铺货行为及其团队的主动推荐（KA 卖场人员），我们可以设定激励目标。

（三）激励促销、特殊陈列及助销品使用等

对于非主力品牌和产品的促销、特殊陈列、助销品使用，因为会耗费较多的时间、精力，经销商一般不愿意主动配合。因此，对于促销主动规划、执行和效果产出，特殊陈列资源的争夺和助销品使用等方面都可以施以激励。

（四）激励主动搜集竞品及下游客户信息等

竞品的搜集是经销商容易忽略或不愿意主动做的工作，需要施以激励，让其养成习惯。对于竞品信息，我们一定要进行分析，制定出合理的应对策略，只要经销商意识到这些信息对其业务有帮助，就会主动配合。

（五）激励进行终端客户的精细化管理等

销售工作的管理越精细化，对业绩的提升越有帮助，尤其是客户管理的精细化。针对客户订单、备货、送达、促销活动的垫付补货、积压库存、问题产品等的标准化程度，决定了终端客户对品牌的信赖程度。

某些激励不一定是正式提出的，可以在某个工作场合以临时性的物质奖励体现出来；对于要统一推动的工作，一定要进行专项激励。

十一、月度绩效考核评分表

（一）经销商月度整体考评

不能局限于打款进货的单一评比，否则针对经销商的过程管理就会出现偏颇。

（二）过程管控

过程管控是评比经销商是否合格的重要依据。经销商评比可以采用月度评价表，见表5-1。

表 5-1　经销商月度评价表

经销商：　　　　　　　　地址：

序号	项目	分值	得分描述	计算得分及表现描述	得分	备注
1	出货达成率	50	按照达成率计算，最高 50×120% 分，达成率低于 80% 为 0 分，最高加分项得分不得高于 60 分			
2	市场动作执行	50	举例：按照 ∑(单品数捆绑)/∑(各单品捆绑家数)×50 分			
以下为额外加分或减分项						
3	执行公司规划的陈列，生动化动作	30	凡公司规划的活动，属于加减分并行。加分规则：达成率 = 执行家数 / 规划家数 ×100%，达成率超过 60%，按照此项达成率 ×30 分计加分；减分规则：缺少率 = 缺少家数 / 规划家数 ×100%，缺少率低于 60%，按照缺少率 ×30 分计减分			

续表

序号	项目	分值	得分描述	计算得分及表现描述	得分	备注
4	自行组织铺货或新品进店	30	此为纯加分项，按照铺货家数／总家数×100%的比率计算，最高30分			
5	自行产品陈列表现度	30	此为纯加分项，上传公司，1家加1分，最高30分			
6	自行海报、物料等生动化陈列	30	此为纯加分项，上传公司，1家加1分，最高30分			
7	额外免费陈列堆数量	30	此为纯加分项，上传公司，1家加1分，最高30分			
8	服务执行度	30	此为纯减分项，最多减30分，门店送货不及时，一家减1分；出现纠纷，一家减1分；出现投诉，一次减1分，以此类推			
9	市场规范维护度	30	此为纯减分项，出现窜货，一次扣减50分			
10	公司其他工作事项配合度	20	属于额外加分或减分项，最高加或减20分			
合计						

注：1.凡月度评价得分排名前三名，达成率高于90%且得分80分以上者，针对经销商团队进行奖励，由公司直接定向发放给服务于公司的经销商团队。第1名奖励5000元，第2名奖励3000元，第3名奖励2000元。2.得分低于60分且连续3个月，公司有取消区域经销权的权利。

十二、业绩回顾

很多经销商的账务处理和数据是比较混乱的，再加上经营的品牌多，很多时候他们并不清楚每个品牌到底盈利多少。

（一）用数据回顾双方业绩

业绩回顾的目的是让经销商知道企业为其带来的价值和利益。业绩回顾一定要采用书面或 PPT 形式汇总，每月固定汇总。业绩回顾主要包括以下内容。

（1）销量、销售额、利润，尤其是增长方面的数据，这是核心利益。

（2）渠道开拓数的增长，这是经销商最核心的利益之一，如果公司有团队或定期铺货，一定要将增加的渠道点数明确列出来，并预估带给经销商的整体利益（其他品牌的销量增加）。

（3）公司投入的费用及资源支持明细，比如特价、捆绑赠品、特陈、堆头、促销人员、铺货团队、广告、海报等广告宣传支持，用详细的列表明确标注，这是真实存在的投入。

（4）如果公司投入了对经销商团队的激励费用，一定要列出。

（5）即期品的协助处理。

（6）给予的其他协助，如团队培训、管理改进等。

（7）费用兑付明细和进度，这是经销商最关心的利益。

（二）主要工作进度

盘点目标达成、付款进度、主力产品的缺失、渠道开拓和铺货、陈列、新品铺货等的进度，明确存在的问题和公司的要求。

（三）服务问题的处理进展

回顾送货及时度、客诉处理等问题的处理进展。

十三、经销商日常管理

很多业务人员在具体管理经销商时夸夸其谈或空口许诺。经销商对此习以为常，只是听听而已，在具体业务上照旧进行，所以衍生出许多经销商管理乱象。

那么，业务人员的日常经销商管理应该怎么进行呢？具体需要做以下量化的工作。

（一）明确经销商日常管理的目的

业务人员拜访经销商时，需要达到很多目的，每个目的都需要具体的行动来支撑。每一个行动，又为工作交流提供支撑。业务人员需要明确的经销商日常管理的动作如下。

（1）经销商的日常送货率、客户送货数量统计管理。

（2）经销商区域内终端陈列和价格签管理。

（3）库存管理：盘点库存。

（4）经销商每日销售达成进度（每日销量、金额、达成率）管理。

（5）管理经销商订货：确保经销商货品充足，保留足够的安全库存，并且不会缺少用于促销活动的货源。

（6）管理经销商市场运作方案：了解经销商的区域如何运作，开发新下线客户、铺货、促销、陈列、累计、奖励、订货会等。

（7）经销商团队激励：通过对经销商团队的指导及制定激励方案，激励其团队努力向本品进行倾斜。

（8）经销商零售价格及各级渠道利润分配：管控零售价，确保产品在市场最终环节具有竞争力；管控渠道毛利率，确保渠道愿意卖货。

（9）经销商区域内渠道开发进度。

（10）经销商区域内竞品调查及应对。

（11）政策传达。

（12）提供优质的客户服务。

（13）日常铺货、捆绑随行及查核。

（二）经销商日常管理行为分解

1. 市场走访

对经销商区域内产品铺货、终端陈列和价格签检查的动作进行分解，通过市场抽查来分层验证问题出现在哪里。

要在拜访经销商之前进行市场调查，填写市场走访表格，并拍照和记录，见表 5-2。

表 5-2　市场走访表格

日期	门店	A产品	B产品	C产品	D产品	E产品	F产品
×月×日	××门店	0	1	1	0	0	1
×月×日	××门店						
×月×日	××门店						
×月×日	××门店						
×月×日	××门店						
×月×日	××门店						
累计	20	8	12	7	8	15	17
铺货率		40.0%	60.0%	35.0%	40.0%	75.0%	85.0%

日期	门店	正常陈列	特殊陈列	价格签	产品日期	客户服务	竞品动态
×月×日	××门店	集中陈列，6/3	进门收银台处8个陈列面的堆	清晰存在，8；缺少，2			
×月×日	××门店						
×月×日	××门店						
×月×日	××门店						
×月×日	××门店						
×月×日	××门店						
累计	20						
铺货率							

注：产品存在，就写1；不存在，就写0。正常陈列，是否集中陈列，写明陈列位置及层级（6/3指6层货架陈列在第3层）。若有特殊陈列，要做描述，做价格签。

2. 清点经销商库存（盘点）

这是必做工作，详见前面章节对库存盘点技能的讲解。

3. 经销商的日常送货管理

通过统计经销商送货的整体数据判断问题是否存在、是否严重。

经销商的日常送货率＝经销商每日送本品家数/经销商每日送货家数×100%

本品金额占比＝本品日送货金额/整体送货金额×100%

上述数据用于管控本品的实际铺货及掌控回转店铺数，尤其适用于新经销商的初期铺货。

了解完经销商送货的整体数据后，需要到达经销商处做以下工作。

（1）走访市场，统计某线路铺货率。

（2）取出经销商送货单据，做手工统计表（或从管理系统导出数据分析），如果数量太多，可以统计某一问题严重的线路，见表5-3。

表5-3　送货率表格

日期	整体送货家数				本品送货家数				送货率	金额占比	备注
	统计区	累计家数	金额统计区	累计金额/元	统计区	累计家数	金额统计区	累计金额/元			
1	正 正 正 正 正 正 正正正	45	1000+2113+ 2225+6662+ 7772+...		正 正 正 正 正	25	445+1678+ 1777+1865+ 2332+...		55.6%		
2	正 正 正 正正正	30			正 正 正 正	20			66.7%		
3	正正正正 正正	30			正 正 正	15			50.0%		
累计		105				60			57.1%		

（3）分析出问题，沟通并找到解决方案。

（4）连续分析一段时间，会发现问题清晰明了，如果结合送货路线、频次等数据，就更清晰了。

（5）统计填写客户送货统计管理表，用此表可以分别统计出每个产品的铺货率和回转率，见表5-4。

表5-4　客户送货统计管理表

客户名称：　　　　统计日期：

品项		单位	规格	箱容	送货日期							
××类别	产品1											

（6）统计门店送货量，这个是将门店分为 A、B、C 三个等级，抽查统计部分送货出现严重问题的门店，观察回转情况来分层寻找和验证问题在哪里，见表 5-5，此表可与表 5-4 替换使用。

表 5-5　门店送货量分析

单位：箱

日期	门店	×× 产品	×× 产品	×× 产品	×× 产品	×× 产品	×× 产品		
	×× 门店	2	1	1	0	0	1		
累计									

4. 经销商每日销售目标进度（每日销量、金额、达成率）管理

通过整体数据来发现问题及其严重性。

（1）统计经销商到拜访日累计的进货量，计算目标达成率，这样可以看出经销商达成进度和难易度。

（2）统计经销商的实际出货金额，计算实际分销达成率，结合前面的进货目标达成率进行整体分析，具体见表 5-6。

表 5-6　达成进度分析

日期	目标 / 元	累计进货额 / 元	累计分销额 / 元	进货达成率	实际分销达成率	理论达成率	难度分析	沟通解决方案
5.15	1 000 000	500 000	350 000	50.0%	35.0%	48.4%	分销缓慢，进度刚接近理论值，但其他地区目前已经达到 60%，目前落后	

5. 管理经销商订货

确保经销商货品充足，保留足够的安全库存，并且用于促销活动的货源充足。

6. 管理经销商市场运作方案

经销商市场运作方案包括铺货、促销、累计奖励、坎级订货会、样板店打造、陈列、抽奖等方面。

（1）规划好的运作方案需在日常运作中进行有效沟通、传达及管控。要求经销商提交各种进程信息，业务团队进行实地检查和验证，确保方案得到正确执行，并根据实际情况做出整改方案。

（2）业务团队需向经销商及其团队清晰传达方案的目的及价值，确保双方对方案有共同的理解和认识。

（3）制定相关信息提报表并下发，要求业务团队定期填报或自行到经销商处汇报统计。

（4）稽核团队和业务团队同时开展检查活动并汇总双方信息，验证活动信息是否准确到达目标终端，并结合检查结果进行分析，判断是否符合预期要求，必要时做出整改方案。

7. 经销商团队激励

激励经销商团队有以下两种方式。

（1）物质激励：根据已经规划好的激励方案进行物质激励，在执行过程中及时统计数据，传递给经销商团队，便于其计算获得激励的大小，从而调整自己的工作。

（2）精神激励：优秀的业务人员要善于通过抓住经销商业务团队的需求，如成长、未来的职业发展、家庭等，与经销商团队进行有益的交流，以期获得对方的信赖。

8. 经销商价格及各级渠道利润分配

在日常工作中，要始终调查本品及竞品的零售价格变化，并做好记录，因为零售价格意味着产品的定位和真正的市场优劣势，这是销售的源头。

调查各级通路的利润率，各级通路利润关系着通路的意愿程度和积极性。

对比本 / 竞品的零售价和各级通路利润，发现差异并进行调整。

9. 经销商区域内渠道开发进度

定期汇总渠道的数量，制定进度表。实地检查和指导渠道开发工作，发现问题时及时整改。

要求业务人员在日常拜访时把开发下线分销客户作为常规工作。

10. 经销商竞品调查及应对

竞争应对关系着区域的最终成败，及时调查并分析竞品活动的影响程度，与经销商沟通并做出应对方案。

11. 政策传达

政策传达应特别注意实行这一政策的目的，着重告知经销商采纳政策带来的利益及不采纳政策带来的危害。注意不仅要和经销商领导沟通，更重要的是与其团队沟通。

12. 客户服务

做好客户的服务工作，比如送货问题、费用核销问题、客诉解决、滞销处理等。真心、负责是核心要求；要做到可信、可靠、及时、反应敏捷。记住，工作、关系并列第一。

13. 日常铺货、捆绑随行及查核

日常铺货、捆绑随行及查核工作需细致入微。需记录走访查核的店铺数量、漏店数量、符合要求的店铺数量以及需要整改的店铺数量。同时，还需记录存在的问题和沟通整改的情况，并配以照片作为实证。在随同铺货的过程中，需记录拜访的店铺数量、成功的店铺数量以及生动化陈列的店铺数量，并针对存在的问题提出攻克方案。

第六章

渠道管理的重点：
地推铺货

地推铺货是企业面对庞大客户市场时的必然选择，是快消品行业的主要工作之一。当初为了让数量庞大的零售商们接受二维码付款，支付宝、微信就做了大量的地推。

地推看似很容易做，但是想要做好，还是有很高的专业度要求的。很多企业的铺货工作开展得如火如荼，但实际上成功的却很少，主要原因就是铺货的很多细节工作没有做到位。

◉ 第一节　铺货工作的核心影响因素

一、将铺货工作作为系统性工作

依托前面讲过的流通工作，铺货成功的前提是要证明确实有很多顾客在终端零售店购买铺货产品，确保终端零售店、经销商、公司都要有足够的利润。为此，需要做到以下几点。

（1）提高经销商意愿度，使其愿意合作铺货。经销商意愿度低，铺货就得不到有力的人员、车辆等配合，很难开展，即便厂家自己开展铺货工作，也很难有效果。

（2）提高团队意愿度，调动其积极性。如果不能调动团队的积极性，铺货效果同样大打折扣。

（3）提高团队技能熟练度，铺货过程涉及很多的技能、动作、话术，需要团队熟练掌握。

（4）提高终端店主的接受度，让产品成功铺货进店。

二、品牌力与铺货的关系

如果要办一场铺货活动，能否铺好货，对于规模不同的企业来说，有着截然不同的做法。

如果企业的品牌力强，主力产品会被自然分销到各终端，所以举办的铺货活动更多是为了多压货到终端，实现分仓、占据资金的目的。腾空经销商仓库，将产品转移到零售商仓库中，只要制定一个较有吸引力的铺货政策，就可以达到该目的。

但对于新产品、中小品牌来说，能否铺好货并不仅仅是铺货政策决定的。如果采用上述铺货方式，失败是必然的。新产品、中小品牌往往需要详细的规划和细致的管理才可以铺好货，否则就会掉入陷阱。

注意：品牌力强弱并不是从全国范围内来设定的，而是指某个区域里的品牌影响力，有些区域的中小品牌同样影响力很大。

◉ 第二节　铺货工作全流程之规划与准备

扫码查看铺货工作全流程　

一、筹备

筹备阶段是要确定一场铺货活动的主要工作事项和全流程。

铺货一般分为五种情况：第一种是新品上市；第二种是新老包装切换；第三种是新开发区域产品铺货；第四种是针对铺货率低的单品的补铺；第五种是为加强与零售商的联系和提振士气而进行的铺货。

公司通过讨论确定铺货形式后进行下一步工作。如果是全新品牌，在铺货前一定要打造部分样板店，用数据和事实为本次铺货做信任支撑。

二、铺货目标设定

铺货前必须先设定铺货目标，确定铺货的核心要求，团队在铺货时才能有方向，激励时也有评比的依据。若事先没有目标而盲目铺货，随意而没有目的性，最后铺货活动便成了一场走访活动。

（一）铺货家数和铺货率的设定

根据资料事先针对整个铺货设定铺货成功的家数、铺货率（铺货成功家数／整体家数×100%）。

（二）铺货单品的确定

事先选择好铺货的品项，不要超过 4 个，每个品项分别设定好铺货率；一般要设定好主力品项，确保它的铺货率最高，每家必铺，剩余的品项可以设定较低的铺货率。

（三）总铺货箱数和目标单点单品数量的确定

设定好每个单品在每家店的最低铺货箱数，铺货政策与此有关。根据这些标准计算出总铺货箱数。

（四）POP 张贴数量设定

设定好 POP 张贴标准和数量。

三、铺货规划

要想铺货成功，一定要事先做好详细的规划。有了好的规划，铺货就成功了一半。

（一）样品规划

铺货时，一定要有用于品尝的样品，选择样品至关重要，要根据铺货的具体产品进行选择，一般选择主铺产品，计算好样品的数量。

（二）铺货人员规划

制定好铺货区域的一线销售团队及督导人员数量、名单。

（三）时间规划

确定铺货天数、起始日期、每日出发和结束时间等，制定整个铺货工作的进度表（含规划、准备时间等）。

（四）区域规划

视以上四种具体情况来确定具体的区域。

（五）物料的规划

物料包括 POP、报表、产品手册、书面活动政策、演示工具等，也包括别的门店进货或卖得好的材料介绍、文具、清洁用具等。

（六）铺货话术的设计

针对终端客户设计打招呼用语、自我介绍、产品介绍等话术。

（七）门店的铺货激励政策

根据以往铺货规律及竞品规律详细设定铺货的政策，以搭赠为主，可以制定单一铺货政策或组合铺货政策。组合铺货政策的力度要大于单一铺货政策。

（八）经销商激励政策

经销商激励政策主要是针对经销商制定合理的油补、车补政策，有了补助，经销商会非常乐于铺货。

（九）团队激励

针对经销商的铺货团队设定额外的激励政策，比如单天达标奖、PK 奖等。

（十）售后问题的处理办法

制定滞销、破损等问题的处理预案。

四、铺货前的准备

正式铺货前要进行充分的前期准备。

（1）路线规划。根据人员及车辆数量规划确定先跑哪个片区，后跑哪个片区，片区内从哪条路线开始；或者几个片区同步开始，几条线同时开始。

（2）小组分组。合理根据铺货区域、时间、总家数、人员数，计算一天一组的铺货家数及铺货组数，对一线铺货人员进行分组，设定好每组铺货期间每天的铺货线路和区域。同时，分配好每组的铺货目标，设定好每天需要铺多少家，需要铺货成功多少家，每个单品铺货数量是多少，POP 海报张贴数等。

对于分组后小组内部由谁统一负责，谁负责开单提货、样品及物料领用等，这些都要明确到个人。

（3）车辆。确定好用经销商的车还是租车，明确用几辆车、什么类型的车、费用标准、司机联系方式、对接时间、结束时间等。

（4）备货及赠品。根据每天的铺货安排，提前一至两天确认好要铺的商品及样品数量，提前开单。

（5）POP 的准备。准备海报、消费者单页、吊旗、店头挂旗、货架条、价格签、摇摇牌及其他 POP。

（6）准备交易需要的零钱、订货 / 送货单、计算器、笔等。

（7）准备客户资料卡、日报表等铺货记录表。

（8）准备名片、公司证件复印件及产品检验报告等，以证明公司身份、个人身份和产品质量等。

五、培训动员会议

良好的培训是成功铺货的基础。培训会议一般要提前几天进行，培训最后一天要进行考试，并根据成绩进行奖惩。

（一）整体讲解

讲解铺货的目的、目标、规划区域、时间、政策、分组及注意事项，也就是铺货前的所有准备都要做全面详细的说明。关键要讲解清楚针对铺货团队的激励政策，这对铺货团队的参与积极性至关重要。

（二）话术培训

培训用于各种场合的话术。

（三）角色扮演演练

全体铺货销售人员要进行角色扮演，推演可能遇到的各种情况，让销售人员能熟练使用推销技巧及话术顺利地开展铺货工作。

（四）考试排名及奖惩

对铺货的政策、话术等重要的知识点进行问卷考试，还可以在角色扮演时进行测试。制定考试的奖惩政策，确保团队能真正地把握铺货的全部细节要求。

六、出发前的准备

出发前的一些准备工作需要提前一天进行，确保货物、样品、车辆、人员、物料准时、充分到位，避免铺货当天出现因缺货而往返奔波的情况。

（1）检查车辆。提前一天检查车辆的油料、安全状态，出发当天上车前再检查一遍，确保不会影响铺货工作的正常开展。

（2）计算出货量并开单。该工作要提前一天完成，铺货当天再计算并开单可能会影响正常的铺货进度。

（3）出库及装车工作。根据分组的安排和距离的远近，出库及装车工作要提前一天计划好，铺货当天，相关人员都按提前计划好的顺序有序提货装车。

七、出发

（1）出发动员。出发动员对于提振士气至关重要，重点强调团队激励的部分，引导大家达到激励目标，从而获得个人荣誉和奖励。

（2）调整心情。

（3）按路线由远至近访店铺货。

◉ 第三节　铺货工作全流程之店内动作

一、进店前准备

进店之前一定要做好检查，以防漏掉资料而显得不专业，主要检查以下内容。

（1）名片、公司介绍、产品图册。

（2）样品及赠品。

（3）书面铺货政策。

（4）价格表。

（5）仪容仪表。进门前检查一下个人仪容仪表，留下良好的第一印象。

（6）定位信息发送。按公司要求把个人定位发到后台，或者由经销商销售人员发到公司销售人员的手机上，这样可以计算单店拜访时间，便于工作考核。

二、接近经销商前的准备

了解经销商货架分销及竞品情况，以便沟通时及时应对。

（1）查看货架同类竞品。具体了解竞争品牌上架了哪些产品，它们的规格、卖点、价格等情况，最好能了解到竞争品牌的分销情况。

查看有没有公司主力产品在销售，有没有公司季节性畅销品在销售。如果店内没有这些产品，这就是让店铺老板赚钱的理由，可以吸引其进货。

已经在销售的公司产品的生产日期是否陈旧？如果有产品生产日期陈旧，这就是在店内最好位置做陈列（割箱）的最佳突破口。

（2）简单分析竞品规格、价格、卖点等与本品的差异点。

（3）找到能弥补对方产品线不足的地方，这就是本品的机会点。

（4）明确公司产品和竞品的比较优势。向经销商强调分销成功的关键点和机会点。

（5）确认经销商领导或决策人。一进门就主动寻找老板，询问由谁负责订货，明确能进货的关键人物，以免沟通的人不对，浪费宝贵的时间。

三、接近

（一）自我介绍

用一句话建立销售人员和公司的差异化形象，给经销商留下一个深刻、良好的第一印象，为下一步沟通做好铺垫。

"您好！哥/姐（拉近关系的称呼），我是××，我们公司是××品牌的（知名）代理商，我是咱们这个区域的负责人。"

这句话凸显了销售人员和公司的优势定位，结合前面的调查，按实际情况总结。

（二）拜访目的说明

简明扼要地说明此次拜访的目的是铺货、铺的什么货。

（三）首先试用，做产品特征介绍

在进一步沟通之前，一定要在客户还没提问前把样品递到客户手里（这一点至关重要），如果可以，替他打开包装或盖子，让客户直观地体验产品，这么做旨在证明公司产品与竞品的比较优势。

四、介绍

介绍时要强调比较优势和利益，做一个有力的推荐。

（1）公司介绍。展示产品图册，着重强调公司的优势，边看边说。切忌没有视觉物吸引的空谈。

（2）产品差异化介绍。这里一定要结合竞品的调查信息，将竞品和本品做比较，列出本品的差异优势。介绍消费者为什么会购买本产品，这部分按照统一话术执行。

（3）样板店销售介绍。用例证来证明产品的成功，打消店主的顾虑。

（4）预估销售预期和利益。要合理预估销售预期和利益，这是经销商最关心的，不能过分夸大，否则会让人感觉荒诞，进而直接打消对方的进货意愿。

（5）价格介绍。结合前面调查的价格，证明价格合理、产品好卖。这部分要给客户计算单位利润及利润率，本品和同品类比较时利润率可能不算高，但要让客户相信，产品回转会高，产品会卖得好，整体利润会提高。

（6）铺货政策介绍。详细阐述铺货政策，把套餐政策的综合利润和利润率详细告知经销商，让其一目了然。

（7）滞销政策介绍。

五、异议解决

客户每次提出的异议，都是销售人员再次展示公司比较优势的机会，所以一定要抓住。

（一）针对公司、质量的异议

产品不好卖的异议；价格异议；售后异议；客户态度冷漠等。该部分异议的解决可参考第四章第五节中的"异议解决"。

（二）其他异议

针对客户"货架上没位置陈列"的问题。回答："我试着在货架上调整一下，腾出几个面来是不是您就能进货？"

针对"没太多钱进货"的问题。回答："我们套餐的金额是100元，政策和利润也比较客观，今天先给您讲解一下，我明天中午再来一趟，您给我准备100元货款可以吗？"

解决客户异议要注意控制时间，如果很难说服对方，则立即放弃，转向下一家。

六、成交

成交是铺货最关键的环节，要不断地发出要求成交的建议，以提高成交率。

（1）直接成交法：直接请客户下单。

（2）假设成交法：假设交易已经达成，则要对后面的工作进行确认，比如陈列位置的选择、排面数量等。

（3）选择成交法：给客户多个选择，得到客户的下单承诺，比如，"您是选择套餐1还是套餐2？"

（4）总结利益点成交法：给客户做了利益分析后，询问客户是否可以下单。

（5）优惠成交法：如果可以优惠，则给客户一个优惠政策或方案，进而得到客户可以下单的承诺；或再次强调铺货政策，强调优惠幅度很大等。

（6）综合成交法：综合使用以上方法，促成成交。

成交的核心是利益：产品带来的常规利益、额外的搭赠带来的比其他产品多的利益、推广带来的利益、人流量带来的利益等。

七、下订单

得到客户达成交易的承诺后，马上给客户写订单，准备放货收款。

（1）给出订单建议：针对客户具体情况给一个合理化的建议订单或套餐政策。

（2）计算赠品：按政策比例执行。

（3）计算金额：抹零（如果条件允许的话）。

（4）开单、收款：注意让客户签字确认，给对方客户联。

（5）卸货：产品及赠品、海报、陈列道具等。

（6）一起验货：让客户确认无误后交付对方。

八、产品上架

卸完货，征得店里同意后第一时间将产品上架。

（1）开箱陈列产品：按照公司陈列指引将产品在货架或展示柜陈列，注意产品正面朝外。

（2）割箱陈列：注意美观，放到明显的位置，陈列量越多越好。

（3）POP、手写海报、陈列道具张贴与摆放，坚持醒目、美观、清晰的原则。

（4）价格标签张贴：将建议零售价填好并与产品对应张贴。

（5）登记店铺信息及交易信息：填写客户资料卡及铺货表。

（6）双方留存联系方式。

九、告别

与客户礼貌地告别，感谢客户对自己工作的支持。

（1）告知对方下次拜访时间及送货时间安排。

（2）给公司发定位信息、销售信息（若有渠道管理系统），用于统计管理。

（3）总结：针对该店沟通中存在的问题，离店后自己进行简单的经验总结，以提高后续拜访的效率。

十、周而复始

（1）继续拜访其余门店。

（2）中午总结共性问题，寻找沟通上的机会点和突破点，以便下午更好地提高效率。

（3）检查货量：汇总成交情况，检查余货是否够用，如果余货不足，则要及时回公司或以其他方式补货。

十一、当日结束

一天的拜访结束后，个人和团队都要进行总结，总结机会和不足，分享经验和成功案例。

（1）总结数据（个人及团队）：成交家数、成交率、成交套餐数、金额等。

（2）总结经验：分享成功案例及遇到的问题，发现机会和不足。

（3）当日奖励：奖励先进。

（4）准备第二天的铺货工作：按照铺货备货及物料的清单，及时协调补充。

十二、整体结束

（1）总结数据（个人及团队）：成交家数、成交率、成交套餐数、金额等。

（2）总结经验：分享成功案例及遇到的问题，发现机会和不足。

（3）奖励：奖励先进，处罚落后。

◉ 第四节　铺货核心技能详解：筹备与话术

铺货核心技能包括全局筹备、进店话术技巧、实战团队训练、培训与演练以及活动费用预算管理。下面通过技能分解及案例分解对这些技能的详细介绍。

一、筹备工作技能分解

（一）制定活动的目的

（1）提高品牌铺货率：增加铺货家数，让产品进入空白零售店。

（2）提高品项铺货率：增加每家店的品项数量，尤其是销售潜力较大的产品及公司主推的新产品。

（3）锻炼公司及经销商团队的核心铺货技能。

（二）权责分工

（1）指定整体铺货活动负责人及小组长。

（2）设立稽核负责人。

（3）人事行政部负责激励总额的稽查和发放，当日奖金由整体铺货负责人发放。

（三）铺货安排及目标

（1）铺货门店种类：终端零售店（含夫妻店、小农贸摊点、非公司界定的 B/C 类店）和餐饮终端店。

（2）每日铺货目标：每日每组拜访家数不低于 20 家，要求信息完整，没有漏店（尤其是空白门店）现象。每日每组铺货成功家数不低于 16 家，每家店订货量不少于一组。每日铺货率不低于 80%。

（3）铺货区域及目标：×× 区域。整体铺货目标为 1200 家。第一阶段以 ×× 为主，含部分 ×× 区域，首场以 400 家为主，具体由区域负责人界定。第二场视实际情况由铺户活动整体负责人决定。

（4）监督与奖惩：稽核部门次日抽检终端信息，对漏店、跳店、信息不实等违规行为严肃处理，追回奖励。

（5）宣传材料：准备铺货 POP 海报。

（四）铺货规划

（1）人员配置。

（2）时间规划：每日 7:00 集合，18:00 结束，12:00—13:00 休息。每日 7:00 安排当日活动，每日 18:00 进行汇总（因奖励而愿意延长时间的仍然计入统计），找出问题和难点，讨论解决方案。

（3）区域规划：根据经销商的门店分布情况分区域规划。

（4）物料规划：抹布、手套、拜访卡、价签、海报、胶带、路线卡、订单本、政策单、名片（经销商销售人员、公司销售人员）、终端资料统计表、笔、零钱、各种证件、工牌、计算器、口香糖。

（5）激励政策

①每日达成率奖励：每日铺货完毕，进行统计并奖励。当日拜访家数不低于 20 家、铺货达成家数超过 18 家、总体达成率超过 90% 的小组，且没有漏店跳店情况，信息统计完整，将获得 120 元的奖励。

② PK 奖：每场铺货结束后，进行综合考核。

获奖资格：每组每日拜访家数超过 20 家，且当日达成率超过 80%，参与累计得分，如果某一日未达到此标准，则当日不计算得分，但不影响其他已达标天数进行累计。

按照总得分情况进行排名，第一名奖励 800 元，第二名奖励 400 元，倒数第二名处罚 100 元，倒数第一名处罚 200 元。按照铺货家数、铺货成功率各占 50% 权重进行累计得分计算，具体为：每日每小组得分 = 拜访家数 /20×50%×100+ 铺货成功家数 / 拜访家数 ×50%×100。

举例：某小组第一日拜访 25 家，成功 22 家；第二日拜访 18 家，成功 17 家；第 3 日拜访 22 家，成功 21 家，则计算如下。

25/20×50%×100+22/25×50%×100+0+22/20×50%×100+21/22×50%×100=209.2 分。

跑的家数多，得分就可能多；铺货成功率越高，得分就越高。

免于处罚条款：每小组每日拜访家数不得少于 20 家，铺货成功率不低于 80%，且终端资料统计表信息完整，总结时可免于处罚。

售后政策：针对滞销门店，周六通过公司门店活动拉动（以前有成熟活动经验）。

（五）培训动员会

（1）活动方案的整体讲解：目的、目标、区域、时间、政策、分组、前期工作汇总。

（2）话术培训。

（3）实战演练：在办公室布置现场，分组进行角色（公司、店铺老板）扮演，还原铺货的各种场景。

（4）提前下发话术，培训动员会之前进行考试，考试排名后 3 名的会受到处罚，每人 100 元。得分 80 分以上免罚。

（5）实战演练后进行考试，对前 3 名进行奖励，第 1 名奖励 200 元，第 2 名奖励 100 元，第 3 名奖励 50 元。对后 3 名进行处罚，倒数第 1 名处罚 100 元，倒数第 2 名处罚 80 元，倒数第 3 名处罚 50 元。得分 80 分以上免罚。

（六）铺货前准备

（1）线路安排。

线性原则：以街道划分。

点性原则：以道路规划区域划分，路线根据实时情况进行微调。

（2）小组分组：两人一组，职责划分清楚，相互配合。

（3）车辆：每组一辆车跟随，预计 5 辆车。

（4）备货：提前 2 天确定好货物数量，提前开单以节省时间，按照每小组成交家数 20 家，每家 2 组，上浮 20% 预估为 50 组，预计备货额为 18000 元。

（七）出发前准备

（1）所有人员早上 7:00 在指定地点集合，以经销商仓库为起点。

（2）人员分组：两人一组，相互配合，经销商和公司销售人员混搭。

（3）安排线路：区域相邻不重叠，以地图划分。

（4）分发活动物料、活动政策。

（5）经销商当日早上出具出库单，晚上回仓库集合清点库存和对账。

（八）出发前动员会

（1）每天早上 7:45 召开动员会。

（2）一定要表述清楚：对于有冲劲的小组来讲，鼓励向前冲，奖励丰厚；可以不要奖励，但也要避免受罚。

（3）激励政策的讲解。

（4）公布昨日排名及表现。

（5）进行现场表扬和批评。

（九）出发当天

早上 8:00 准时出发，一组一车按照既定路线铺货。

（十）活动费用预估

（1）车辆费用：预计每辆车每天 500 元，需要 3 辆，每天共需费用 1500 元，全部由经销商承担。

（2）活动人员奖励费用：

① PK 奖励小组前三名，第一名 800 元，第二名 400 元，倒数第二名罚 100 元，倒数第一名罚 200 元，待总结会发放。

②每日达成激励 600 元，3 天的总费用为 1800 元，第二天发放现金。

③培训激励费用 350 元。

（3）午餐补贴：每人每日 ×× 元，每天费用共 ×× 元，事后核销。

（4）物料费用：胶带、笔、塑封、海报、报表、抹布，预计 150 元。

（5）政策搭赠费用：按照最高 8% 的比例进行搭赠，预估每场活动销量为 ×× 万元，费用为 ×××× 元，由公司承担费用。月度坎级返利为 2%，预估当月销量为 ×× 万元，费用为 ×××× 元，由经销商承担。

（6）活动销量预估方法：每小组每天铺货成功 ×× 家，按照 70% 铺货一组，30% 铺货两组，每小组每天铺货 ×× 组，三天五个小组一共铺货 ×× 组，按照每组 ×× 元销售价格计算，总共销售金额为 ×××× 元。

（7）单场活动预估费用总计为 ×××× 元，公司承担最高费用为 ×××× 元，预计公司出库金额为 ×××× 元，费比为 ×%，公司承担最低费用为 ×××× 元，预计公司出库金额为 ××××× 元，费比为 ×%；经销商承担费用为 ×××× 元，经销商出库金额为 ×××× 元，费比为 ×%。

二、铺货期间日流程案例分解

铺货动员会流程如下。

● 确定时间和地点，通知所有铺货人员到位，经销商人员车辆到位。

- 进行分组，强带弱，尽量做到各组平衡，明确各组组长的职责。
- 确定经销商开单的单据，明确价格及数量。
- 全体人员按照分组列队，保持良好风貌。
- 宣布铺货目的、时间、要求、每日安排。
- 宣布奖励政策，免责条款。激励勇争第一的精神，鼓励大家往前冲，不用受处罚。
- 宣布激励规则：必须发送每家店位置定位，用水印相机拍照片，不够四张照片或照片没有定位的视为无效数据；可以做陈列价签的店面，如没有做，一家扣除 PK 分值 10 分，漏店扣除 PK 分值 10 分，由稽核人员进行稽核。
- 各小组领取路线，宣布第二天早上 7:30 到达经销商仓库进行装车及进行每日晨会。
- **铺货第一天：**
- 早上 7:30 准时集合，迟到人员按照公司制度进行惩罚。
- 各小组进行车辆分配、装货。
- 各小组检查自己的物品，车辆货物，确认无误后集合。
- 再次强调铺货规则，强调每日奖励达成条件，激励大家要积极对待，保证每个小组都可以拿到奖励。
- 8:00 出发进行铺货。
- 每个整点各小组汇报情况，包括拜访家数、成交家数、成交金额、陈列家数、价签家数、餐饮情况。
- 对首单进行鼓励，随时进行鼓励和表扬，对落后的小组进行适当的帮扶，安排人员进行指导。
- 随时关心各组的情况，在竞争的同时也要保证安全和向上的正能量。
- 中午就上午各组的表现进行点评和鼓励。
- 随时公布 PK 分值，鼓励大家尽量往前冲，避免受罚，见表 6-1、表 6-2。

表 6-1 铺货 PK 即时状况统计表

第 × 天（× 年 × 月 × 日）

	拜访家数	成交家数	成交金额	陈列家数	价签家数	成交达成率	考核分值	加减分	总分	排名
一组						=D6/C6	=（C6/20/2+D6/C6/2）×100	每家 −1	=I6+J6	
二组						=D7/C7	=（C7/20/2+D7/C7/2）×100	每家 +0.5	=I7+J7	
三组						=D8/C8	=（C8/20/2+D8/C8/2）×100		=I8+J8	
四组						=D9/C9	=（C9/20/2+D9/C9/2）×100		=I9+J9	
合计	=SUM(C6:C9)	=SUM(D6:D9)	=SUM(E6:E9)	=SUM(F6:F9)	=SUM(G6:G9)	=D10/C10				
平均数	=C10/4	=D10/4	=E10/4	=F10/4	=G10/4					

注：以 20 家为核算基数计算分值。

表 6-2 加减分原则

序号	减分项	减分	加分项	加分
1	没有集中陈列	每家 −1	特殊陈列	每家 −1
2	漏店	每家 −3	不成功家数分析	每家 +0.5
3	没有价签	每家 −1		
4	价签书写不标准	每家 −1		
5	未过没成功、陈列价签都没有的	每家 −2		
6	拜访明细和实际不符的	每家 −4		
7	拜访单据和实际家数不符的	每家 −3		
8	不成功家数未分析	每家 −0.5		
9	没有照片的店	每家 −0.5		

- 下午5:00结束，各小组回经销商仓库进行汇总并进行账面交接。

铺货第二天：

- 上午：总结前一天的得失，对各小组的表现进行点评，宣布昨日达标的小组，进行奖励。

- 其余同第一天。

铺货其他天：同第二天。

总结：

- 最后一天下午实时公布PK值，实时计算大家的差距，并予以激励。

- 对三天的铺货进行总结点评，公布最后的成绩，并将分值进行说明，有扣分项的单独点出，并说明原因。

- 发放奖励（证书、奖金）。

- 每个人对三天以来的情况进行分享。第一名、第二名分享成功的经验，名次倒数的分析原因并说明改正方案。

- 每个人回去之后写书面总结并提交。

三、进店销售步骤及话术

（一）进店前准备

（1）按照路线由远及近拜访终端客户。

（2）统计路线卡是否有漏店情况，核对店铺信息是否完整。

（3）进店前检查：名片、政策、价格表、订单、抹布、文具、零钱、计算器及个人仪表。

（4）准备好其他门店产品的实际销售数据和进货单据，作为演示工具。

（5）铺货前算好各个政策的毛利，并熟记于心。

（6）带好新品、样品，准备好闻香瓶和试吃物料（可根据具体产品选择）。

（7）进店前注意是否可以张贴广告宣传品，若可以，后续张贴海报。在店门前用水印相机拍照，实时上传至工作群。

（8）调整心情。

（二）接近经销商前的准备（经销商为什么要买我的货）

（1）"我是本地××品牌的公司销售人员，今天是公司组织的一次大力度的活动，咱家应该是××（介绍经销商销售人员的个人特点，让客户回忆起来）给您订货，今天为了通知到所有的客户，我和他分开进行通知，您这边今天由我负责。"

（2）进店接近前，销售人员必须首先查看货架，查看本品、竞品情况，包括品类、品项、价格、规格、卖点、摆放位置，记录每个产品的库存数量，以便沟通时有话可讲。

（3）此时如果有机会，就与店主沟通一下。比如："哥，货架比较脏，给您擦擦吧""×家的价签坏了，一会给你拿过去""哥，你这边产品卖得不错啊，牌面也很好"

（4）想一想本/竞品的优劣势、差异点。

（5）想一下产品的优势、突出的卖点，强化经销商的认知。

（6）熟知样板店的数据。

（三）确定经销商领导或决策人，避免沟通的人不对而浪费宝贵的时间

询问店内人员："请问哪位是老板？我订货需要找谁？"

语气词可根据个人习惯使用，目的是尽快拉近关系，减少陌生感。

（四）接近经销商领导

递上口香糖："哥，先来个口香糖，歇一歇。"此时，一定要拿着口香糖往对方手中塞，并不断重复上面的话。务必要重复语气词，次数视具体情况定，建议3次。

（五）推销介绍：陈述，讲解政策，利益诉求

（1）给客户递政策单，一定要塞到客户手里或放在客户眼前，用笔或手指着政策单，不断点击引导客户看。

（2）"哥，我刚才看您的库存，您的××产品只有4瓶了，××产品也

不多，只有6瓶，××产品还有10瓶……您看都该订货了。"

（3）订单的沟通："哥，您现在库里和货架上只剩1箱货了，××产品您这周卖了几箱？6箱？5箱？难道是3箱？您上一次是什么时候订的货？您这周这个产品卖了2箱，下周才订货，根据最近的销量，您的周销量是3箱，库里要留1箱的安全库存，您需要订货3+1-1=3箱，您看今天的活动力度比较大，您可以卖到5箱，所以您可以订5箱，然后您给我一个地方，我给您做集中的陈列，您的这些货很快就会卖掉。"

（4）如果店老板说没卖过，不想订货，则运用以下话术："哥，今天进不进货都没关系，让我给您介绍一下，过几天您想进货也行。"此时要的是一次沟通产品利益和铺货政策的机会。

（5）如果店老板说卖得不好，则运用以下话术："您看我这儿有一些赠品，您给我一个地方，我给您绑上，您可以很快卖掉这些产品，加快产品回转。"

（6）如果老板赞同，则接着往下进行。如果老板有异议，怕卖得慢，则要继续追问上次什么时候订的货、订了多少或一个月能销多少，估计其销量，说明订货的必要性。

（7）如果产品好卖，则要说明所获利益，如果不好卖就只订一组，无论如何最后都能卖出去。

（8）话术："哥，您看一下我们的政策，来看一下，看一下（可重复）。"

"都是畅销品，您放到货架上就能卖，而且比以往的力度都大，您看一下，都快到××%了。"

（9）在进店交流的整个过程中，明确告诉店主送什么、值多少钱、折成一组便宜多少钱，说话不能磕巴，不要用大概、差不多等不确定的词语。

（六）成交

（1）直接成交法：随时进行，比如"哥，来哪一个？"

（2）假设成交法："哥，你看我给您把货放到哪里？货架还是仓库？"

（3）优惠成交法："哥，现在活动力度这么大，达到××%，相当于×+1了，订点货吧。"

（4）选择成交法："哥，您看您是要政策一还是政策二啊？您要 1 组还是 2 组？"

（5）组合成交法：结合优惠、选择和假设成交法。如："哥，现在活动力度这么大，达到××%，相当于×+1 了，现在力度这么大，您看您是要政策一还是政策二啊？您要 1 组还是 2 组，很多店要 3 组（出示其他店订单）？您也来 3 组？"

以上以组合成交法为主，如果对方没反应，则持续分拆或组合上述方法进行。到了成交这一步，一定要主动提出要求对方进货，如果能做到这一点，成交率比不主动要求进货的要高 50% 以上，用得好的比用得不好的高 30% 以上。

在观察交流后，如果是比较好说话的店主（自行判断），可以采取一种强卖的动作："哥（姐），三组行啦，多订一组就多送一个赠品啊，好卖，您放心好了，给您卸了啊。"在交流过程中不停重复，让对方不好意思拒绝，卸完货后再开订单。

（七）异议解决

（1）针对拖延或不想订货的客户："哥，此次活动仅在今天有效，错过就没有了，反正您知道，××品牌已经很长时间不做类似活动了。"要结合其他成交话术。

（2）针对不想订多品项的客户："哥，这些产品都是畅销品，在本地只要您摆就能卖，要是我的话我肯定订个 10 组或 8 组，您看前面的店，就在您旁边，他就一下子订了 5 组，再说××品牌在本地这么多年，是很多人的首选，您这儿要是没有，顾客肯定会去其他家购买，您不就丢失生意了吗？"

（3）针对不想订组数多的客户："哥，现在活动力度这么大，达到××%，相当于×+1 了，现在力度这么大，很多店要 3 组（出示其他店订单）？您也来 3 组？"

（4）针对空白点：用政策三主攻，"哥，××品牌是本地老牌子，很多人从小就吃，我给您选的是最畅销的，放那里就能卖，如果顾客来了买不着，可能就去旁边那一家买了，他家已经订了。"再加入成交的各种技巧。

（5）针对担心滞销的客户："我们会做门店活动拉动"，并举例（列出以前成熟活动的经验）。

（6）如果遇到有市场遗留问题，则岔开话题，把铺货活动改成补偿费用。"哥（姐）以前是以前，既然我来了，就是来给您解决问题的，这样吧，我这有点活动费用，给您补补吧，您订两三组货，以前欠您的费用就出来了。"

（7）针对餐饮店：用餐饮店政策。

（8）在和店主沟通的过程中提出异议，尽量不要顺着对方的话题说，一定要不停地重复"您相信我，没问题，您放心好了"，但是不要说"我给您解决"。

（八）重复 3~5 次

重复话术直到订单达成，如果超过 20 分钟还没有达成订单，则直接放弃，去下一家，最后有时间再返回来重新谈。

（九）陈列摆放、价签的放置

（1）不管是否成交，产品的摆放必须调整到标准形式。

（2）所有产品的价签必须插上，并把价格告知店主。

（3）陈列要求集中摆放，特殊店可以品类集中。

（4）价签要摆放在产品下方正中的位置。

（5）更改店内陈列时，话术："哥（姐），不用您动手，您看着就行了，我给您弄，您放心，绝对不给您弄乱。"手里拿着抹布边整理边擦。

（十）结束

（1）确认订单。

（2）收款：专人收款。

（3）卸货：轻拿轻放，一定要表现出爱惜产品的态度。

（4）上货：放在最有利位置。

（5）价签：一定要清晰、醒目。

（6）给订货人名片或者将电话直接写在店内的醒目位置。注明"×× 品牌经销商销售人员 ××，×× 品牌订货电话：×××××××"（必做项，必须写上"××品牌"）。

（7）填写客户拜访卡，完善信息。

（十一）道别

"哥，我们走了，订货请打我留下的联系电话，再见！"

⦿ 第五节　铺货核心技能详解：实战与预算

一、实战演练培训技能

（一）培训方案制定

事先制定完善的培训方案，并做好分工。

以下是某培训方案模板。

一、培训主题：《进店销售话术及铺货技巧实操培训》

二、培训讲师：×××

培训时间：×××

三、培训地点：×××

四、参训人员：流通部全体销售人员

五、培训要求

1.所有参训人员至少提前五分钟到达培训地点，进行签到并做好参训准备。

2.参训人员须带好纸笔，做好培训记录。

3.培训期间，手机调为静音，驾驶车辆的同事需将车钥匙放到人事行政部。

4.培训期间，未经允许不得随意拨打电话，不得离开培训教室。

5.培训期间的学习情况及考试结果上交人事行政部进行记录。

六、培训流程

1. ×× 年 × 月 ×× 日星期一

上午销售员周会下发话术培训资料。

13:00—15:00《进店销售话术培训》——×× 讲师

15:00—15:30《进店销售话术培训》考试

16:00—17:00 考试点评——×××

2. ×× 年 × 月 ×× 日星期二

8:00—12:00 实操演练

12:00—13:00 午餐

13:00—16:30 实操演练

16:30—17:00 点评及总结

七、物资准备

1.《进店销售话术培训》PPT 资料由讲师提供。

2.《进店销售话术培训》下发资料由讲师提供。

3.《进店销售话术培训》考试试题由讲师提供。

4.《铺货实操演练评分表》由讲师提供。

5. 货架 2 个。

6. 竞品及产品若干。

八、附件

1.《关于进店销售技巧及铺货技巧实操培训的通知》

2.《铺货实操演练评分表》

（二）培训安排

必须做好妥善的安排，尤其是辅助道具的提前准备。

以下是某培训安排模板。

一、会议前的准备

1. 话术资料的印制，协助部门为人事部。

2. 试卷的印制，协助部门为人事部。

3. 本品和竞品货架、样品的准备，协助部门为市场部。

4. 会议现场座椅的摆放，××部门座位靠边，××部门座位靠南墙。

5. 货架放到××桌子旁边，上面摆放一等产品，以不规则方式摆放，尽量还原店内情况。

二、第一天会议安排

1. 对集中铺货进行再次讲解。

2. 对奖罚政策进行再次强调。

3. 对话术进行讲解，突出重点。

4. 留出时间对话术进行记忆。

5. 进行试卷考试，现场评分。

6. 对考试进行点评，公布奖罚。

7 对会议室进行演练布置。

三、第二天会议安排

1. 进行实战演练，采用分段式培训技巧先进行示范，针对不同的情况进行讲解。

2. 现场分组，先进行小组内的演练，由×××进行一定的指导。

3. 每个人进行演练，由×××和×××进行打分。

4. 排出名次，进行点评和奖罚。

5. 进行本次会议的总结与点评。

6. 对上交表格的各个经销商进行评估，确定后期铺货经销商。

四、附件

1. 话术考试试卷及答案。

2. 现场演练评分标准。

3. 奖罚制度。

（三）考试

考试分为笔试和实战演练测试，笔试的目的是记住核心的要点，以免在实战演练时回忆不起来，大大拖延演练进度。

以下是话术试卷

一、填空

1.拜访终端客户的路线原则是_____。

2.进店前应检查工具:_____,注意店门前是否可以。

3.成交的方法有_____。

4.促销时,确定_____,以免沟通的人不对。

5.每家店促销重复_____次,直到达成,超过_____分钟,放弃,去下一家,最后有时间再返回重新谈。

6.进店接近老板前,销售人员必须首先_____,形成印象,以便沟通时有话可讲。

二、问答题

1.如何接近老板?

2.如何给客户推销和介绍政策?

3.如何面对不想订货、不想订那么多品项和订的组数少的客户?

4.如何面对空白点?

(四)实战演练评分标准

评分必须有 2~3 人作为评委,以彰显公平,并将评分标准答案公布出来,达成共识。

以下是某实战演练评分模板

一、行为分(55分)

1.进店前观察(5分)。

2.进店先看货架(5分)。

3.资料准备:名片、政策、价格表、订单、抹布、文具、零钱、计算器、海报及个人仪表(每项1分,共计10分)。

4.政策单的递出(5分)。

5.订单填写及确认(5分)。

6. 对货物的轻拿轻放（5分）。

7. 价签（10分）。

8. 陈列的摆放（10分）。

二、话术分（45分）

1. 语气词的应用（10分）。

2. 成交话术的应用（15分）。

3. 异议的解决（10分）。

4. 订货人的强调（10分）。

三、加成或扣除（20分）

1. ×××和×××拥有特殊奖励或扣除分值的权利，每次加分或扣分，除了要给出分值也要说明原因。

2. 此项分值计入总分。

（五）培训激励方案

（1）笔试和实战演练比例为3∶7。

（2）奖励综合分值前三名，分别奖励500元、300元、200元，奖励门槛为90分以上。处罚后三名，分别处罚300元、200元、100元，免除处罚的门槛是80分。

（3）当天发放奖金、收取罚金。

二、经销商沟通核心技能

与经销商沟通时，经销商一般都会非常支持公司的大力度活动，会踊跃参与。

（1）与经销商沟通能够提供的资源（车辆、人员、费用）。确定双方的职责要求是沟通重点，要设定公平的参与资格及次序安排。区域集中铺货活动资格审核表见表6-3。

表 6-3　区域集中铺货活动资格审核表

经销商名称				地址			
所属区域				负责人		电话	
经销商提供车辆		辆	最低要求 5 辆车	此项标准满分为 30 分		得分	
经销商搭赠政策			经销商可承担的比例	此项标准满分为 30 分		得分	
经销商及人员		经销商配合度和经销商人员配合度		此项标准满分为 10 分		得分	
经销商人员激励	参与奖		经销商给予自己的业务人员奖励	此项标准满分为 10 分		得分	
	PK 名称奖						
	每日排名奖						
业务对区域规划	活动政策		业务人员对自己区域的规划情况	此项标准满分为 10 分		得分	
	活动线路						
业务的主观性	此项为主观分值，根据业务平时表现			此项为加分项，满分为 10 分		得分	
经销商其他支持				此项为加分项，满分为 10 分		得分	
活动政策	活动品项	公司出库价	经销商出库价	终端订货	搭赠品项数量	搭赠金额	费用情况

注：根据综合评分来决定公司投入和各区域次序安排。

（2）与经销商沟通区域内的终端数量。

（3）与经销商沟通区域的划分、路线的安排，尽量与经销商平时的跑店线路重合。

（4）与经销商沟通政策，原则是优惠力度高于经销商平时的活动力度，在本区域以优势产品带动需求品项。

（5）人员调配，和所有铺货人员确定时间和行程。

（6）物料准备。

三、活动费用预算

要清晰地用表格将每项费用的情况和分摊情况计算清楚，表格见表 6-4。

表 6-4 单场次集中铺货方案费用预算

单位：元

费用项目	费用总计	公司					经销商				备注
		承担最大费用	承担最小费用	销售金额	最大费用占比	最小费用占比	承担费用	销售金额	费用占比	利润	
门店搭赠费用											
门店坎级返利											
培训激励											
PK 奖励											
每日达标奖											
车辆费用											
午餐补贴											
物料费用											
合计											

至于其他步骤，如流程、职责、激励等都包含在以上步骤中，不再进行拆分。

第七章

渠道管理日常：
客户拜访

不论是哪类渠道，销售人员都会面对数量众多的客户，拜访每一位客户时，销售人员都要进行市场的全面管理，所以客户拜访技能至关重要。销售拜访必须提前进行科学规划。

◉ 第一节　客户拜访全流程

扫码查看客户拜访全流程　

一、确认路线，温习路线客户

（1）销售回顾：每天进行拜访工作前，要对拜访路线进行确认。每日的拜访路线一般是在月初就规划好的固定的拜访路线，除非有意外情况发生才做临时调整。

进行销售回顾时，要对上次的路线做回顾，回忆上次在此路线拜访时成交了哪几家客户，如何成交的，拜访过程中遇到过哪些困难和挑战，是如何化解的……

（2）分析分销现状：分析每个客户的分销现状是什么，分销机会点在哪里，哪些客户要重点突破。

（3）上次遗留问题：回顾上次有没有没处理完的遗留问题，是否承诺过客户此次要兑现的事情等。

（4）是否还有其他要特别注意的事情。

二、访前准备

（一）拜访目标设定

为确保拜访的高效性和明确性，每天拜访前需设定当天的目标。具体包括：

（1）销售目标：明确金额、销量等（可能需要具体到单品）。

（2）分销目标：具体到客户及单品。

（3）陈列调整目标：哪家客户要调整陈列，是主货架还是特殊陈列，要提前准备好物料等。

（4）活动沟通与其他沟通：与客户重点沟通具体的活动安排等。

（二）做充分准备

（1）着装打扮整洁、得体，男生不穿圆领衫，女生着装不暴露。

（2）准备样品及需要调换用的产品。

（3）准备工具：日报表、名片、计算器、抹布、壁纸刀、胶带、小礼品等。

（4）准备客户资料卡，随时更新路线上新增的客户信息。

（5）准备活动方案、POP 等。

（6）MT 渠道销售代表还需携带以下物品。

税票：当天路线上可能有要对账并索取销售发票的客户。

应收账款及对账单等：用于当天与客户对账（销售及扣款），以回收货款。

（7）明确到理货员处应该调查了解的信息。

三、进店拜访开始

如果业务人员负责的是直营卖场，那么进店后首先要和理货员见面沟通，了解销售情况、店内动态、近期有无重大信息等，便于下一步沟通。

四、打招呼

（1）如果是初次拜访，进店后要首先进行自我介绍，对客户进行简单说明。

（2）说明拜访目的：是沟通新品、安排进货，沟通促销方案，调整陈列，还是其他方面，对此要做简述。

（3）注意和客户沟通多使用鼓励赞扬的话语，找客户感兴趣的话题，更容易赢得客户的好感。

（4）如果看到客户很忙，先不要急于沟通，要主动帮忙，帮客户干完活后再沟通。

五、观察

货架是门店销售的主阵地，品牌的线下推广、新品成功上市、日常动销好不好都能在货架上体现出来，货架管理是产品进店后管理的核心。

（1）查分销：对照门店的类型和分销标准。

（2）看位置：确定主通道、副通道；查看自家商品所在通道的阴阳面；清点货架层数，品类货架总节数；查看本品是否在黄金视线位置，新品是否在黄金视线位置等。

（3）看陈列：查看 SKU 是否符合公司要求，确定本品和品类陈列面数、每个 SKU 陈列面数，陈列样式是否符合公司标准。

（4）检查库存：包括货架库存和仓库库存，注意生产日期，要确保先进先出；与安全库存做比较。

（5）看价格：价签和商品对应是否准确，标价是否是建议零售价，价签是否破损。

（6）看 POP/ 助销品：公司建议使用的 POP/ 助销品是否都有，是否符合美观原则和使用规范。

（7）观察竞品：分销的单品是哪些，观察陈列节数和面数、陈列位置、POP/ 助销品、价格等，是否有促销活动、新产品等。

（8）了解促销执行：观察形式是否和规划一致，产品摆放是否规范，是否摆放得丰满，POP、海报、价格签是否到位，促销员是否积极，语言是否规范等。

（9）销售情况：本品整体销售、单品销售、品类销售情况，竞品销售及部门销售等。

六、沟通

沟通环节就是针对观察时发现的问题和机会进行沟通协调，并将计划的订单目标谈好。

（一）订单

（1）分销单品（非新品）进店的沟通。

（2）正常补货订单的沟通。

（3）活动单品订单量的沟通。

（4）新产品进店订单的沟通。

如果是 KA 客户，可能存在系统原来设置的货架库存量不合理的问题，遇到这种问题也要去沟通调整。

（二）陈列改善沟通

陈列改善沟通主要涉及本品货架位置的调整、陈列面积的调整、陈列样式的调整等，沟通主要针对较大的调整动作，尤其是 KA 超市渠道。

（三）价格协调

产品零售价格可能高于或低于建议零售价，对于这种情况，要和客户沟通调整到建议零售价。产品零售价过低会扰乱通路价格，引发客户投诉并引起恶性竞争；产品零售价过高会影响产品的回转，导致产品销售不畅。

（四）POP 改善

一定要跟客户传达使用 POP 的目的和意义，只有客户理解了，他才会积极主动地配合；尽可能多争取张贴点和展示位置。

（五）客情关系的培育

日常沟通中注意客户的爱好和其他需求，拜访时注意迎合客户，并注意情感方面的沟通，建立朋友关系，方便合作。

七、调整

客户同意后，第一时间调整货架、张贴 POP，不要拖延到以后再调，避免客户反悔或被竞品抢去机会。

八、记录

拜访过程中随时做好记录，包括库存的记录、订单的记录、竞品信息的记录以及其他信息。

九、回顾

做完以上动作后，并没有拜访结束，还要看一下当天出门前做的计划。逐项核对当日销售目标、分销目标、活动及陈列沟通，重要的其他事项是否都已沟通落实。

确认后方可结束拜访，对遗漏的事项，要在第一时间沟通，避免因此贻误工作，降低拜访的效率。

十、告别

拜访结束后，向客户礼貌地打招呼告别，感谢客户的关照，说明下次拜访时间。

◉ 第二节　客户拜访路线制定

要实现公司对销售人员的有效日常管理，需要对业务代表每天的拜访做好规划，快消品通用的办法是按路线拜访。

（1）因人定线，即按照确定的一线人员数量来初步设计总线的数量，并据此初步计算预计覆盖的客户总数。

（2）按照公司计划进行全区域覆盖，即全面覆盖区域内所有的目标客户，分组后按照点数来计算路线数量。

一、制约因素

（1）合理的工作时间：距离、客户数、拜访频率、拜访时间。

（2）适宜的区域规划应：地理条件、特殊限制、行政区域。

二、资料收集

资料收集分两种情况。第一种是根据计算机现有的资料列印现有名册，现有资料由客户提供或者通过其他途径获得。第二种是陌生拜访，以扫街的方式进行。收集的信息包括门店名称、地址（具体到门牌号）、电话、联系人、形态等。

陌生拜访的资料收集工作分为以下四步来进行。

第一步：分配路线号、区域号，扫街拜访客户，收集客户名称、地址、联系方式、店面（摊点）大小、经营范围，制作实地地略图草图（标注区域号、路线、序列号）等信息。

第二步：用电脑根据线路分别完整列印客户资料（路号、计算机代号、客户名称、地址、联系方式、店面大小等）。

第三步：路线规划人员进行区域、拜访日、拜访程序文字填写。

第四步：主管进行相应的协同拜访，对通路类别、店内工作时间、交通时间进行核查确认。

三、分析

（1）对客户划分级别、数量，不同级别的客户设定不同拜访频次。

（2）确定不同客户的单次拜访时间。

（3）计算业务代表每日有效拜访的总时间。

四、图面作业

（1）将所有客户标注于图上，形成区域总图，并复印多份备用。

（2）计算总拜访量和人员需求。

每月总拜访时间 =A 类店总数 × 总拜访时间 +B 类店总数 × 总拜访时间 + C 类店总数 × 总拜访时间。

不同类型的店需要不同的拜访时间。比如将门店分为 ABC 三级，A 类店的拜访时间最长，设定为每周拜访 2 次，每次 30 分钟；B 类店每周拜访 1 次，每次 20 分钟；C 类店每 2 周拜访 1 次，每次 15 分钟。

最后用每月总拜访时间除以业务员一天的有效拜访时间，得到总路线数。

（3）分析交通路线：将每个区域内的路线和店做好关联，关联原则为同频率的店为一条线，或者就近频率的店为一条线；负荷原则，单路线门店拜访总时间不能超过业务代表一天的有效拜访时间；就近原则，离得近的门店尽量放到一条线上。

（4）每名业务员 5 条线，计算每条线的客户数量。

（5）给每条路线编号，路线代码要有规范，且路线代码是唯一的。

（6）将门店和路线标注在地图上，要求一线一图，在复印的地图上画路线，标注店名。

五、按路线拜访

业务人员日常要按照路线拜访，定时定点定人进行拜访。

六、定期调整

一般以一个月为周期，根据实际门店的增减，微调路线上的门店数及门店名。

第八章

营管部门如何
做好渠道服务

很多企业的营业管理（简称"营管"）部门的职能弱化，成了内勤部门，纯粹处理琐碎杂事，这是对营业管理部门的认知出现了极大的偏差。营业管理部门在渠道管理中非常重要，它关系着企业渠道管理的效率高低。

营业管理部门作为中轴，是服务销售的，营业管理部门如果问题重重，那么销售部门一定很难将工作进行下去。

◉ 第一节　营管核心技能

一、核心技能

（一）订单处理技能

一个企业只要运行得还算可以，都具备订单处理技能，只是效率高低有不同。

（二）申请和追踪技能

作为销售人员，在一线解决客户问题、促进销售是他们的职责和专长。处理公司内部事务（申请、内部追踪等）不是他们的专业所长，再加上要往返公司，非常浪费时间。

如果申请和追踪的大部分工作交给营管部门来做，则各业务的专业性、时间成本等都会得到完美解决。

（三）核销技能

核销是至关重要的工作，涉及费用是否准确、是否虚报、是否及时核销，大量的客户费用核销工作若得不到及时解决，将影响销售部门的运行。

（四）沟通技能

如果说销售人员处理事情是"刚中带柔"，那么营管部处理问题的方式则是"柔中带刚"。"柔"是因为作为服务人员，耐心、和蔼是其基本素养；"刚"是因为营管部有很多核心规矩，不能被销售人员逾越。

要时常告诫营管部门人员，在标准和规定上保持不变形是其本能。

二、营管部门职能

营业管理部门的重大职能应该包含如下工作。

（1）管理销售订单和发货。

（2）销售申请的提报和追踪。

（3）销售数据的整理与提供。

（4）销售费用的核销管理。

（5）建立客户档案。

（6）分担销售的行政性工作。

◉ 第二节 销售订单和发货流程管理

订单的处理其实是多部门、多问题交织在一起的系统性工作，必须用系统性方法来解决。

销售相关部门经常碰到的问题是缺货时该怎么处理订单。很多人的做法是等待、跟催、协调，但是这种做法治标不治本，反而衍生出很多其他问题。一方面，订单涉及经销商订单制定、生产管理部门排期、仓库管理部门协调，处理起来很复杂，沟通也较为困难。另一方面，销售人员的订单往往与业绩有关，发不出去货，会影响其销售业绩的达成和KPI考核，最终影响到销售人员的斗志。还有，企业往往要求客户将货款提前打到公司账户才能发货，一旦缺货，必须协调客户做调整，非常麻烦。长此以往，很容易造成客户、销售、营管、物流之间的矛盾积压。

这在很多企业是常态，中小企业尤为严重。

订单由营管部门下达给生产部门并负责追踪，所以缺货订单的处理责任在营管部门，但是实际上营管部门下达的订单与库存、生产排期吻合的关键却在于销售人员计算订单这一环节。订单上的产品订货数量只是一堆数据，看不到中间计算方法以及计算订货数量时与公司库存、客户库存、市场策略等因素的平衡考量，就无法判断进货量的准确性。如果管理者不去查看或者不懂这些，就只能由营管部门承担协调不到位的过错了。

一、计算订单是关键

很多企业的销售人员制定订单时，常常让经销商客户自己计算订单，客户如果有规范化的渠道管理，计算订单的方式还可能比较科学，否则就是纯靠经验来计算，这会使订货量出现较大偏差。此外，不管客户要订什么货，公司都无条件满足，这种不考虑公司实际生产能力和市场策略，仅凭主观臆断和经验来做决定的做法也是极具危害性的。

客户订单的计算与客户的现有库存、安全库存、订货周期、订货周期内的销量预估、市场策略带来的销量增长等息息相关。

最容易被忽视的是客户现有库存的盘点。库存的盘点关系着促销活动的规划，盘点错误会使订单产生巨大误差。库存盘点可以量化库存问题，与经销商沟通时也有足够的数据信息支持。

二、订单流程很重要

明智的营管人员会提前一天将库存信息发送给销售人员，并同时提供生产排期信息。销售人员在制定订单时，会综合考虑公司库存、生产排期、发货时间（即达成进度），以及客户的库存状况、销售回转情况、订货周期、安全库存和促销资源等因素，从而制定出既能满足客户需求又能最大限度避免缺货的订货数量。

只要订单制定符合企业、客户、市场的要求，剩下的就是一些简单的沟通性、对接性、审查性工作，难度会大大降低。

营管人员对销售的订货数量进行审核，做出订单，沟通库存产品的分配，预留产品，根据生产排期作出订单的排期。营管部订单下达流程如图 8-1 所示。

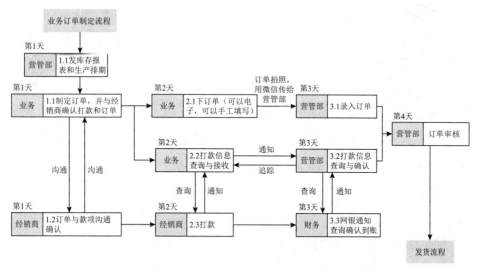

图 8-1　营管部订单下达流程

如果能把握好订单制定的核心技能，理顺流程逻辑关系，那么困扰很多企业的订单处理问题就会迎刃而解。

很多人说，如果能提前做好月度预算，并提供给生产管理部门，企业提前生产出足够的库存，客户每月提前打款到公司，那么情况会好很多。但是月度预算并不会那么准确，生产的排期安排也会存在很多不确定性。如果销售人员对订单不加以控制，企业就要有足够的库存来满足忽高忽低、没有规律的订单，这样将会大大提高库存成本。至于提前打一部分款到公司账户，只有极少数大型企业才可以要求客户做到。

◉ 第三节　销售申请与追踪建立

销售人员的核心工作是市场管理、客户拜访与产品销售，他们不是在销售现场，就是在去往销售现场的路上。

一、销售申请提报

销售申请提报最重要的有两部分内容：一是专业部分，主要包括申请的背景、目的、方式，以及费用和资源需求；二是行政格式部分，用电子化制式表格进行申报。

很多大中型企业或者特殊行业的销售人员配备了电脑及各种设备，可以随时随地写促销申请，不存在申请障碍。但很多中小企业，甚至一些快消品大型企业的销售人员，他们白天在市场上拜访客户，非常辛苦，根本没有时间写申请，对电子设备或软件的使用也不是很熟练，提报申请往往会耗费很长时间。

为减轻销售人员负担，部分企业采取由销售人员电话告知营管人员，再由营管人员代为提交申请的做法。但这种方式存在明显弊端，即口头沟通中复杂、专业的信息容易遗漏或误解，进而导致营管人员被误会，长此以往可能引发部门间的不和谐。

此处建议使用微信来提高提报效率，以下介绍使用微信进行提报的方法。提报内容的非专业部分由营管部助理负责，专业部分仍由销售人员填写。

为了防止填写时漏项，应提前制定各种签报模板，销售人员对照模板在空白的签报需求单上填写，并拍照发给销售内勤，由内勤录入电脑。操作流程如下。

第一步：销售人员在微信中收藏价格表及签报需求单模板。最常用的需求模板见表8-1至表8-3。

表8-1　奖励签报需求单

需求人		提交时间		紧急程度	＿＿＿日前下发
				重要程度	重要〇 一般〇
需求说明	1. 主题： 2. 发生时间： 3. 奖励人及主题： 4. 奖励原因（事件、行为描述）： 5. 倡导价值观： 6. 合计金额：				

表 8-2 客情申请单

需求人		提交时间		紧急程度	_____日前下发
				重要程度	重要○ 一般○
需求说明	1. 针对系统（或具体人）： 2. 客情费： 3. 申请原因： 4. 提交时间： 5. 还款方式：				

表 8-3 盖章需求对接单

需求人		提交时间		紧急程度	_____日前下发
				重要程度	重要○ 一般○
	盖章事由：				
	文件名称	份数	发往单位	印签名称	盖章位置

其他类型的通用申请模板见表 8-4。

表 8-4 业务需求对接单

需求人		提交时间		紧急程度	_____日前下发
				重要程度	重要○ 一般○
需求说明	1. 主题： 2. 时间： 3. 地点（区域）： 4. 负责人： 5. 方法： 6. 所需支援： 7. 效果预估： 8 费用预估： 9. 背景描述：				

对于专业性强的申请，可以制定更详细的模板，见表 8-5、表 8-6。

表 8-5 系统客户促销特价需求申请单

需求人		提交时间		紧急程度	_____日前下发
				重要程度	重要○ 一般○

需求明细	1. 促销系统（门店）： 2. 促销时间： 3. 促销负责人： 4. 促销产品及力度、方法：							
	促销产品	规格	原零售价	促销价格	现供价	促销原前台扣点	促销后前台扣点	销售预估
	5. 所需支援： 6. 特陈及费用： 7. 其他费用： 8. 竞品信息： 9. 背景描述：							

表 8-6 经销商促销需求申请单

需求人		提交时间		紧急程度	_____日前下发
				重要程度	重要○ 一般○

需求明细	1. 促销系统（渠道）： 2. 促销时间： 3. 促销负责人： 4. 促销产品及力度、方法： 单位：元/箱						
	促销产品	规格	买赠方式	赠品	销售数量	经销商原毛利	经销商现毛利
	5. 所需支援： 6. 费用： 7. 竞品信息： 8. 背景描述：						

销售人员在营管处打印足够数量的空白销售需求对接单，以备需要时使用，见表8-7。

表8-7　业务需求对接单

需求人		提交时间		紧急程度	＿＿＿＿日前下发
				重要程度	重要○ 一般○
需求明细					

第二步：销售人员提报签报需求单。

①从微信"我的收藏"中调出所需签报模板。

②根据模板在空白签报需求单上手工填写。

③销售人员将填好的需求单拍照，通过微信发送原图给内勤，内勤收到后回复。

④内勤按照需求单录入签报单电子版，并按流程推进。

⑤所有签报流程走完，第一时间告知销售人员，可通过微信拍照发给销售人员。

当确认了微信提报的方法后，召集企业所有参与人，要求他们准备好所有材料、工具，召开启动会，介绍微信提报方法。

第一步：演示旧的信息传递方法，让大家现场确认沟通的困难程度。

第二步：按照微信提报的方法，要求营管部把上述有样本表照片和标准数据信息的文件传给销售人员，并现场确认销售人员存放到微信收藏夹里。

第三步：要求销售人员现场填写一份具体的签报，要求所有人按照模板填写。凡是不按照标准模板格式填写或字迹潦草的，全部要求重做，直到能达到标准为止。

第四步：要求销售人员按照要求用手机微信将签报单发给自己的营管助理，必须点击发送原图，并现场确认才算通过。

第五步：营管助理检查照片是否清晰，不清晰的，指出问题，要求重发；清晰无误的，回复"收到"。

启动会召开后，企业要制定并下发《销售、营管部行政工作交接流程和步骤》，相关人员要严格按照标准来进行交接工作。在施行该交接流程和步骤的初期，企业要严格要求，并严格审查，对未按要求操作的，要严肃批评和处理。只有这样，该方法才能完全推行下去。

二、追踪工作

销售部与营管部工作追踪的原则是流程中任意环节上的人员都只负责追踪与自己对接的上下环节；顺流程而下进行申请，逆流程而上进行追踪，不可越过流程环节上的其他人进行追踪。这样可以确保每个人各负其责，一旦出现问题，可以很清晰地追查责任，确保运作顺畅。

（一）做好分工

销售部的销售人员只追踪营管部，营管部只追踪相关责任部门，相关责任部门负责追踪后面的环节，最后由营管部负责将反馈统一回复给销售人员。

在签批（指签字、审批）过程中，每个环节要建立好交接记录，在签批过程记录表中填写交接日期，交接人签字，做到有据可查，责任清晰。

（二）标准化追踪记录表

追踪时可查看签批过程记录表，随时了解交接进程；或者在进行责任决定时，确认责任在哪个环节。表格存放于市场部促销专员处。营管部内勤助理可与销售人员建立自己的接收记录表，见表8-8。

表 8-8 申请签批过程记录表

序号	日期	申请编码	状态	营管部		×× 部		×× 部		副总经理	总经理	备注
				日期	签字	日期	签字	日期	签字	日期	日期	
			申请									
			下发									
			申请									
			下发									
			申请									
			下发									
			申请									
			下发									
			申请									
			下发									
			申请									
			下发									

◉ 第四节 核销工作七步走

核销是一个对现有费用如实核实的过程，其中的难点是将核销费用的单据整理清晰，与审批费用对应一致，确保没有假冒、遗漏费用。

为了提高核销的效率，建议将相关信息可视化，以便各环节审核。此处将核销工作分为以下七步。

一、营管部整理单据

核销单据的整理是最重要的环节，关系到整个核销过程能否准确、顺利进行。

（1）信息必须全面、简洁。

（2）在原始销售单据的右上角按顺序编上序号，原始销售单据序号必须与汇总表序号一致。

（3）经销商人员每日依照原始单据序号按顺序将其装订好。

（4）单据必须当日寄出。

（5）原始单据出现不清晰、缺项的情况，要将客户新资料提交给公司，并及时更新。

（6）赠品必须由店内人员签字确认，否则公司一律视为无效，不予核销。

二、依核销标准格式运行

若核销流程不规范，核销的各环节就会花费很长时间，这将严重浪费相关人员的时间和精力。

标准核销格式就是将核销时需要的所有信息、计算思路格式化，任何人审核都依照同样的信息、同样的计算思路，也就是说所有人的决策标准是完全一致的，并且信息可完全在一页纸上呈现。依核销标准格式运行，是整个核销工作运行的核心。

下面以促销活动费用核销为例来说明。

核销用到的工具表有"促销费用核销兑付汇总表""活动录入基础表"，全部以公式链接后续数据，简化程序，提高效率。

"活动录入基础表"录入促销活动的申请信息和产品的价格，便于调用公式。

"促销费用核销兑付汇总表"只需手工录入铺灰区域，其余区域全部用IFERROR 和 VLOOKUP 的嵌套函数公式进行链接，减少大量的手工录入工作量，见表 8-9。"活动录入基础表"见表 8-10。

表 8-9 促销费用核销兑付汇总表

经销商:　　　　活动日期:　　　　区域:　　　　促销编码:

序号	门店	块级/箱	搭赠/箱	订货产品	搭赠产品	以公司出货计赠品单价/（元/箱）	订货数量/箱	赠品数量/件	以经销商出货价计订货金额/元	以公司出货价计单价/元	以公司出货价计订货金额/元	以公司出货价计赠品金额/元	公司分担比例	公司分担赠品数量/箱	以公司出货价计公司分担赠品金额/元
1				0	0	0		0		0	0.00	0.00			
2				0	0	0		0		0	0.00	0.00			
3				0	0	0		0		0	0.00	0.00			
4				0	0	0		0		0	0.00	0.00			
…															
n										0	0.00	0.00		0	
							0.00	0.00	0.00						

公司承担搭赠金额合计:

核销明细小计

销售产品	数量	搭赠产品	数量	公司分担赠品数量	金额
合计	0		0	0	0.00

费效比 #VALUE！

经销商签字（盖章）

制表人:　　　　业务员:

表 8-10 活动录入基础表

活动录入区					标准产品信息区					
活动组合	搭赠产品	坎级	搭赠	搭赠比例	品项名	入数	产品编码	条形码	经销商箱数 / 箱	经销商箱价 /（元 / 瓶）
					产品 1					
					产品 2					
					产品 3					
					产品 4					
					产品 5					
					产品 6					
					产品 7					
					产品 8					
					产品…					
					产品 n					

以下制表要求可在表单上列出。

（1）在原始销售单据的右上角按顺序编上序号，原始销售单据序号必须与汇总表序号一致。

（2）每日依照原始单据，据实填写序号、门店、坎级、搭赠、搭赠产品、以公司出货价计赠品单价、订货数量、赠品数量、以经销商出货价计订货金额。最终提交汇总并签字盖章，按序号顺序装订好原始单据，作为附件与汇总表一起提交。

（3）营管部审核单据时，必须将错误之处在单据上明确标出，签上姓名及日期，并在汇总表内清晰地注明问题。这一点特别重要，要对表格进行高度可视化，任何人翻阅都可以看明白，不用再一一询问。

（4）填制电子表，原始手工表作为附件一并提交。

（5）凡是原始单据不清晰的，一律视为无效，不予核销。

三、承诺书

核销中产生纠纷最多的就是单据的真实与准确程度，如果单据存在不准确、不清晰甚至虚假的情况，会给核销工作的效率带来极大的影响。

因此，需要客户填写承诺书，对单据不清晰、不真实的情况自行负责，让客户在递交单据时规避这些问题，并作为核销附件放入核销材料。

格式如下。

承诺书

××××年××月促销费用核销所提交之单据真实有效，如在核销中发现单据错误、不符合核销要求规定甚至是虚假的单据，同意视为无效单据，可按照××××××公司规定不予核销。

××××××公司（盖章）

四、回访抽查单据的真实性

营管部要抽查一定比例的单据，电话核实或者现场核实均可，抽查情况可与销售人员核实确认。

认真填写回访抽查表，见表8-11。将抽查表作为核销附件放入核销材料，同时结合稽核部门的报告验证单据的真实、准确性。如果发现虚假单据，可按照一定比例扣除，或返回要求重新整理提交。

表8-11 回访抽查表

序号	回访日期	经销商	区域	店名	电话	反馈情况	备注
1							
2							
3							
4							
5							
6							
7							
8							
9							
10							

五、稽核部形成"稽核部稽核报告"

稽核部门每月针对区域活动实际拜访门店做整体稽核，并将报告提交给营管部作为核销依据，稽核报告作为核销附件放入核销材料。

六、财务部出具"财务整体审核表"

财务部从整体数据的角度分析，出具审核报告。

七、营管部出具"费用通知处罚及明细函"

营管部根据核销的具体情况出具通知函，明确无误地告知客户费用核销的具体情况，包括符合要求的核销金额、不符合的金额及明细。不符合要求的金额如果不能提供新的准确单据，除了不予核销外，还要进行相应的处罚。

将以上所有材料按照顺序装订在一起，提交审核，这样可以做到在任何环节都无须审核人计算、查问，所有单据的信息全部被披露，审核环节快速高效。

经过七个环节的层层严密把控，整个核销过程脱离了个人的"一支笔"，做到了公开、透明、可监控、可追溯。

现在很多企业都做到了信息系统化，因此上述核销的整个过程中的要素还必须要贯彻到信息化系统中，才能保证相关工作平稳高效运行。

◉ 第五节　建立客户档案

一些公司的新业务人员难以全面了解并接手离职员工的客户工作。如果去营管部门查询，可能除了销售数据外一无所获；如果去客户那里，可能得不到客观的信息。

业务人员对客户进行管理需要有客户的各种信息作支持，如客户的业绩数据、费用数据、发生的很多好与不好的事件、往来正式文件、历史合同及其条款等。

一、建立档案

建立档案要从以下几个方面入手。

（1）客户的基本情况：公司规模、主营品牌、仓库、车辆、业务人员配备、组织架构、法定代表人及管理层状况（年龄、性格、生日、喜好等）、办公场所、注册资金等基本情况。

（2）客户与公司的详细交易条款摘录，交易条款的历史变化情况。

（3）年度、月度历史交易额，产品的销售数据、库存及发货数据。

（4）客户的临期货处理、客诉等的专项问题报告情况。

（5）客户与公司发生的纠纷报告。

（6）公司与客户发生的良性事件。

（7）客户经营的大事件记录。

（8）客户的促销历史：月度及大型专题活动。

二、档案信息整理

一定要将客户档案整理成标准格式，格式不统一的 Word 文档不利于查阅和使用。

固定的业务及客户的档案一定要由专人负责，有利于及时搜集和录入信息。这些信息一部分存在于合同内，一部分存在于公司的数据系统中。当合同签订完毕后，要立即将合同信息录入客户档案。

经营性数据存在于数据系统和业务人员的月度报告中，应在固定时限内将这些信息录入档案。

客户与公司交易过程中发生的重大事件，业务人员会撰写申请和处理报告，这些申请和报告都会经过营管部，由营管部将这些信息及时整理并附在档案中。

另外，很多比较重要的事件会在会议中讨论，会议上要做好记录，并进行结果追踪。相关信息可在会议纪要上搜寻，并录入档案。

档案不仅要做成电子档案，也要存储纸质档案。档案信息可以做密级设定。

三、档案信息使用

建立档案是为了让业务人员工作方便。

档案信息原则上只允许提供给负责本客户的业务人员使用，不得提供给无关业务员，除非得到业务主管部门负责人的书面授权。

对于一般档案信息的调用，业务人员需要进行申请，主管领导签字之后，营管部便可提供。保密性信息必须在得到相应级别的人员签字授权后，方可被提供使用。

◉ 第六节　销售行政性工作分担

一般人会认为渠道管理是销售经理自身的工作职责，所以销售经理必须对销售团队的所有行为进行管控，包括很多销售的行政性工作。

实际上，销售经理在一些需要复杂技能的工作，如全局竞品策略分析与营销策略制定、目标制定与追踪、问题处理、团队核心技能模式制定、规划实施、人员技能调整及指导、培训等重大事项上花费的时间和精力越多，销售经理的价值就越大。

很多销售过程的执行情况追踪、汇总等工作技能要求简单，相对销售来说价值不大，但会耗费较多的时间和精力。这部分工作如果没人分担，那么销售经理的工作量可想而知。

事实上，不少销售经理正是陷入了这种繁琐的行政性工作中，导致精力分散，价值产出不高。因此，这些追踪、汇总类的销售行政性工作，理应被识别并交由营管部负责。

在实践中，销售经理与营管部之间常因职责界限不清而产生摩擦。例如，营管部在承担部分行政性工作的同时，也被错误地赋予了管理销售团队的责任，如要求销售人员对错误行为进行整改等。这实际上是销售经理的核心职责。这种职责混淆是导致销售经理与营管部关系紧张的主要原因。

为明确职责，提高工作效率，应明确营管部仅负责追踪销售执行情况与汇总数据，而要求销售人员按标准整改、管理销售团队等职责由销售经理承担。只有准确把握这一关键界限，才能确保各方工作顺畅进行。

一、会议上明确追踪事项

不管是月会、周会、晨会，营管部都要介入销售部门的会议。在会议上详细记录销售部对销售人员的工作安排，确认清楚每项工作事项的关键追踪动作、时间节点。

举例：7 日回款 15 万元的目标分解到如下动作及时间点。

（1）提前追踪 1 个月前提报的促销活动，超市总部采购已经下达到门店：1 日—5 日。

（2）各店促销人员盘点库存（或在电脑系统中导出）：6 日。

（3）预估销量：6 日。

（4）制订好活动安排分计划：临促、赠品、堆头投放计划等。

（5）制定订单：6 日。

（6）与门店促销人员沟通订单，将库存、活动安排计划、预估销量信息发给促销人员，安排其与门店沟通下单：6 日。

（7）追踪各门店反馈信息：6 日。

（8）如遇门店有异议者，亲自电话沟通或现场沟通，确保下单：6 日、7 日。

（9）将订单期内各单品的预估销量下发市场部及店内促销人员，并分解到每天的销量中。

（10）每天追踪市场部临时促销人员、物料到位情况，检查销售数量。

（11）每天追踪物流部门货品和赠品到位情况，确保货品、赠品足够。

（12）每天确保堆头及时陈列促销品，并确保货架及堆头满陈列。

（13）每天确保价签、促销告知海报、爆炸卡、围挡（立牌）到位，陈列在堆头上。

营管部将以上信息详细记录下来，交由销售经理和销售人员签字确认。

二、做好追踪计划

每天将所负责销售人员的追踪结果汇报给销售经理，由销售经理自行在会议上做出对销售人员的管理。

列入追踪的工作要制作追踪表，不断在会议上持续追踪和确认，直至结果达成。

销售经理每天查看追踪计划和追踪结果，就能够完全掌控整个部门的工作运行状态。

三、将关键过程做成 KPI 指标

销售部门的过程管理极为重要，对于这种追踪的过程，抓取关键指标做成 KPI，就会取得意想不到的效果。

每一步动作计为量化数字 1 次，对销售人员的考核就是累计经销商做每一步动作的次数，最后根据次数做量化的 PK 考核或 KPI 考核。

切记不要做太多动作的追踪统计，因为工作量太大。只需要做出核心模式要求的 1~2 个关键动作统计次数即可。

◉ 第七节　解决跨部门沟通难题

营管部其实是一个以沟通为主的部门，沟通态度不好很容易引发销售部门和营管部门的矛盾。由于沟通引发的矛盾多集中在以下几个方面。

一、沟通方式

（一）口头沟通方式

优点：快速传递，快速反馈。接收者如果有疑问可以迅速反馈，使发送者能及时检查工作中不够明确的地方并进行修正。

缺点：经过多人传送，信息失真，人越多，失真程度越强；信息不易保存；复杂信息表述不清。

（二）书面沟通方式

优点：持久、有形、可以核实，易于保存，多人传递不失真，比口头表达更周全、更具逻辑性，条理清楚，适用于复杂信息和长期沟通及多人传递。

缺点：耗时，缺乏反馈或反馈周期长，无法保证接收者理解的信息正是发送者的本意。

营管人员与销售人员的很多沟通包含着复杂信息，这些信息有时难以用语言去描述清楚。

（三）非语言方式

非语言信号：刺耳的警笛、十字路口的红绿灯。

体态语言：手势、面部表情、其他姿势。

语气语调：个体对于词汇或短语的强调，语气、语调更能反映真实意思。即使说的文字相同，语气、语调的不同可能说明了沟通意图的不同。

体态语言与性格息息相关。性格急与性格慢的人进行沟通容易产生问题。

性格急的人：说话快、声音高、动作表情比较夸张，情绪激动的时候最贴近其个人性格。

性格慢的人：说话慢、声音低、动作表情比较柔和，安静的时候最贴近其个人性格。

因此，如果二者差异太大，则会导致性格慢的人认为性格急的人具有侵略性，性格急的人认为性格慢的人不搭理他，进而产生对抗。

（四）电子媒介

电子邮件、电视、短信、电话等。

优点是可以兼顾口头及书面语，缺点在于习惯和施行的方便性，如是否能组合运用。语言与非语言因素在信息中的重要性如图 8-2 所示。

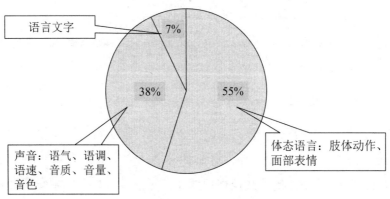

图 8-2　语言与非语言因素在信息中的重要性

二、沟通的两大问题

我见过很多营管人员与销售人员一开始沟通时"和风细雨"，不久就变成"狂风暴雨"，双方都认为对方是有意责难自己。

出现这样的情况，一方面是沟通方式出现了问题；另一方面，体态语言，尤其是说话的语气有大问题。销售人员每天在市场上工作，性格以坚强、果断为主，"刚"性成分居多，脾气直爽，说话直来直去。很多问题他们可能认为很简单，但实际很麻烦；他们认为营管部就是协助处理问题的，然而事实是，很多申请、核销，公司都有规定、有标准可依，复杂的问题不按规矩处理（比如不按照申请、核销方式进行），最后出现问题，责任无法划分。

如果营管部因为坚持标准，又不能解释清楚，最后会表达成："公司有标准，自己去看看。自己的工作不能按照标准来做吗？"语气一般不会太柔和。

如果这个复杂的工作已经反复了几次，或者每次都是这样的沟通方式，就很容易上升为个人争斗，处理起来将会非常麻烦。

营管部担负着按照标准进行申请和审核的职责，不符合标准的坚决不能审批，这是底线。即便有特殊情况，处理例外的权限也不在营管部手中，必须上报处理。为了给销售团队做好支撑，让销售团队全身心投入销售，这也是营管部的职责。

营管人员沟通时，必须拿着书面材料向销售人员进行解说，这样会极大地缓解双方情绪。而除了用模式化和书面沟通的方式，最重要的一点就是态度要柔和，不能将工作问题转移到"对个人有看法"的对立问题上。要"柔中有刚"，态度非常柔和，但是还要坚持底线。这也是营管人员大多数性格较柔和且女性居多的原因。

同样，管理者对销售人员要做出以下要求：必须配合营管人员坚持原则，这是公司的要求，不能使营管人员失职；多学习，查找自身原因并改正、提高自己，要能理解营管人员的这种坚持。这叫业务团队的"刚中有柔"。

管理调和销售人员与营管人员这种沟通上的个性差异，是管理者极其重要的一项工作。

三、多加强沟通培训

销售人员和营管人员沟通上的差异，往往是两个部门之间疏于了解所致，要加强两个部门之间的了解，做一些团建工作，加强协作意识，建立信任。

要将沟通的培训工作做好，让大家认识到应该如何进行良好的沟通，沟通方式的差异是客观存在的，但应该有效避免。

当团队了解到沟通的客观规律后，对人的主观上的负面猜测就会大大降低，增强沟通对工作本身的有效性，集中精力将工作中的不符合标准的事项解决掉。

◉ 第八节　制作渠道管理报表

渠道管理日报是营销部门最重要的管理工具，根据用途不同可分为销售达成日报、产品达成日报、周会报告和月会报告等。

一、销售达成日报

销售达成日报是最重要的渠道管理工具之一，这也是一个老生常谈的话题。

很多中小企业管理者对达成日报不太看重，实际上达成日报是对整个销售状况的体现，用好达成日报，就很容易进行日过程控制，每日找到销售的问题区域、问题人、问题客户、问题产品，从而层层分析下去，使销售的问题得到解决。达成日报见表 8-12，达成日报进度表见表 8-13。

但是很多企业的达成日报有很多不规范之处，起不到相应的作用。

表 8-12　达成日报

_____月份各区域达成快报

日期：　　　　　　__年__月__日

部门/区域	品项	月目标	销售额	达成率	排名	时间进度	差异	去年实际销售额	增长率	退货率
公司整体	产品线 1									
	产品线 2									
	产品线 3									
	小计									
	产品线 1									
	产品线 2									
	产品线 3									
	小计									
	产品线 1									
	产品线 2									
	产品线 3									
	小计									
	产品线 1									
	产品线 2									
	产品线 3									
	小计									
	产品线 1									
	产品线 2									
	产品线 3									
	小计									

注：最终达成数据以财务结账数据为准。

表 8-13　达成日报进度表

____年____月____日达成日报进度表

区域	经销商	目标	回款额	销售额	回款达成率	销售达成率	区域排名	经销商排名	特殊陈列数量	陈列排名
公司整体										
小计										
小计										
小计										

　　所以，销售达成日报并不仅仅是销售出多少产品和金额的简单数据汇总，而是涉及多项管理指标的分析和运用。

　　销售达成日报可以起到的作用如下。

（一）整体销售进度

　　整体销售进度包括企业整体和分区域、分销售代表、分产品线、分客户（经销商）的达成进度，用于管理层快速查看每个区域、个人的达成进度，找出优秀区域和落后区域，有针对性地跟进、树立标杆及督促改进管理。

　　达成日报中，管理信息要素的格式按照管理者分析数据的规律来排布，任何人看到日报都可以快速解读出管理需要的要素，快速做出分析、判断。

　　如果格式设计不科学，管理者解读数据就会费时费力。

　　做达成日报时，最上面的一行一定是企业整体情况，因为管理者的管理思路是这样的：企业整体达成××%，是好是坏；哪个区域（销售代表、经销商）贡献度高，要表扬先进、树立标杆；哪个区域完成情况最差，差距是多少，如何改进……

企业常犯的错误还有排序不当，很多企业的日报排序采用区域顺序，但实际上最好的做法是按照目标的高低排序，这样管理者可以快速根据区域重要度做出判断。

达成率不做排名，这也是一个通病。销售部门的管理中竞争心理非常重要，销售团队最注重个人荣誉，一定要做排名，以激发团队成员的荣辱心和竞争意识。

（二）回款、退货等重要管理要素的体现

企业在销售上有很多管理的要素，比如回款、退货（直营型门店），这些管理要素一定要同时体现在销售日报中。

以一家经营生鲜熟食的企业为例，由于其产品保质期极短，退货率成了一个至关重要的指标。起初，该企业仅在月度汇总时关注退货率，一旦退货率上升，便制定严格的管理制度进行应对，但效果并不显著。后来，企业开始构建退货数据的日报体系，将退货率的管理从事后追责转变为过程控制，实现了每日追踪分析，退货率也因此得到了显著改善。

（三）如果有管理激励性政策，最好在日报中体现进度

比如当月有陈列排名奖、开发新客户排名奖，那么要在日报中体现这些数据和排名的变化，以便时时提醒团队努力争先。

（四）销售达成日报作为销售看板的主要内容

销售达成日报要展示给全体销售人员看，供大家使用。

二、产品达成日报

产品达成日报，尤其是明确主力产品达成进度的日报非常有必要。

分区域、分销售的产品达成日报可以监控重点产品的受攻击程度、策略执行程度。

有规模的企业实行产品管理制，每个产品都会分配产品目标。规模较小的企业由于受条件限制，无法对产品实行单独目标管理，可以做销售额同期增量比对控制，与去年同期数据比较，至少可以起到示警作用。

主力产品和主推产品的日达成数据管控报表，从公司总部到区域办事处，逐级提供给管理者，以便他们实时监控主力产品的销售概况，并及时做出调整。

三、模式化和时效性

数据报表制作的模式化和时效性是企业管理中的难点。销售日报表的制作要求有高度时效性，必须实现模板化，以避免使用计算器或分步计算导致的时间浪费。这是许多企业在使用日报进行管理时面临的一大制约因素。

制作销售日报是为了管理，因此最佳提供时间应在销售晨会前。然而，许多公司的日报在晨会结束后才出来，导致效果大打折扣。

为了提高效率，企业应将基础数据从信息系统导出后，粘贴到数据源中，并通过透视表、VLOOKUP、求和、乘积等函数自动处理数据。日报表格式应提前制定为标准格式，通过公式链接将数据按照标准格式呈现出来。整个过程应控制在 15 ～ 30 分钟，以便及时有效地提供给各级管理者，使他们能顺利召开会议，并及时制作销售看板，供销售人员查看自己的销售情况并做出改进措施。

四、周会和月会报告

营管部有时还负责制作销售部门的周报和月报。需要强调的是，营管部仅对数据和图表进行整理，而数据的分析、结论的得出及运用是销售部门的职责。

第九章

渠道管理落地的
关键：销售激励

管理学大师斯蒂芬·P.罗宾斯在《管人的真理》中提到"奖励什么，得到什么"。激励是渠道管理落地的关键保证，如果激励方式不正确，效果一定会大打折扣。

⦿ 第一节 销售激励的原则

一、综合使用激励方法

根据管理学的激励理论，激励是综合了很多因素的行为，如图 9-1 所示。

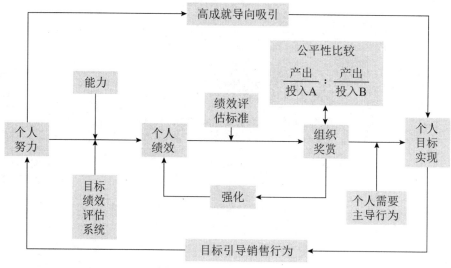

图 9-1 综合使用激励方法

在渠道管理中，一定不要把激励当成简单的奖励与处罚，激励的作用是引导员工达成个人目标，在实现个人目标的基础上完成组织的销售目标。

单一激励方式的使用可能会让管理陷入困境，但也并不是将激励方式全部组合起来才能发挥效力，互补式使用多种方式让员工努力工作，就达到了激励的目的。

二、人生目标和高成就激励

激励的目的是使销售团队成员通过个人努力和能力来实现人生长期与短期目标，这些目标会促使销售人员不断改进工作方法。

销售是最具挑战性的职业之一，销售人员与公司其他部门人员不同，他们面临着严格的量化业绩考核。业绩考核决定着他们的收入，同时他们也要面临诸多环境的不确定性因素。

销售人员投身于这个最具挑战性的职业，往往是因为对自己的人生有极大的期许，他们会尽全力实现自己的目标。

员工个人的高成就期许本身就是极大的激励，所以我们见到很多企业都极其注重销售团队的心态训练。一个有雄心壮志的销售人员抵得上十个碌碌无为、毫无追求的销售人员，那些身处销售高管岗位的，无一不具备这种特质。

一个对个人目标和成就要求较高的销售人员，会自觉提高自己的技能和努力程度，而不是被领导强迫着去学习。

三、助力员工实现个人目标

奖赏一定要指向员工个人目标的实现。奖赏如果不是员工需要的，就会失去其作用。

金钱的奖励可以让员工买车、买房，让员工的家庭过好当下的生活，而非现金激励方式可能会有更大作用。比如股票期权虽然不是很务实的奖励，但可以让员工在未来有机会实现财富自由。有些员工的权力欲望强烈，那么领导的器重和肯定、职位提升机会或技能指导等可能比金钱更有效。

给员工提供学习机会和技能训练，可以让员工实现个人价值提升的目标。另外，还要给员工更多的尊重、更友好的对待等。这也是激励的组成部分。

四、让员工聚焦绩效目标

绩效就是公司目标的体现，是员工个人目标与公司目标的交汇点。任何激励如果单纯达成了员工的个人目标，而对公司目标达成毫无助益，那就是失败的激励。

华为的激励遵循以下几个原则。

第一，确保海外绩效目标，海外收入是华为的重中之重。

第二，确保有利于冲锋，不断开拓新客户。

第三，确保有利于高绩效，不同绩效分开档次，绩效档次越高，回报系数越高。

第四，确保组织活力的激发。

阿里巴巴的"中供铁军"经历了客户开发与客户维护由不同团队负责的过程。原本的客户开发与客户维护由销售人员自行负责，但当业绩达到一定程度后，从客户维护方面获得销售业绩比较容易，销售人员纷纷花费大量时间用于维护老客户，但对于阿里巴巴来说，不断开发新客户才是企业不断发展的关键。

因此，阿里巴巴将客户开发和客户维护做了拆分，拆分初期并没有做激励上的调整，以致新签客户极其困难，员工收入也无法提高。后来，阿里巴巴将客户签单的金额门槛由 5 万 ~10 万元降到了 19800 元，这使销售人员开发新客户的积极性大大提高，激发了销售人员加入客户开发团队的热情，客户开发业绩增长 2 倍以上。

五、结果激励与过程激励结合

奖励什么就会得到什么，同样，处罚什么就会避免什么。

激励系统决定了销售人员的什么行为会被管理者看中，并实施奖励。

要建立科学的指标，最常运用的是销售结果激励，比如销售达成激励、销售提成激励等，结果激励往往计入薪酬的考核激励。但是激励不仅有薪酬结构里的考核激励，更要有过程激励。

结果激励的益处是，结果会让销售人员努力提高销售业绩。公司在发展的初期没有好的工作方法来训练、指导员工，只能靠员工的个人发挥，提成制或达成制是最佳的选择，能有效激发员工的主动性，员工个人能力和努力程度越高，拿到的报酬就越多。

但是这样做的弊端在于，当销售人员的长期客户积累到一定程度后，带来的激励足够多，会使其失去前进的动力。例如，销售人员都不愿意选取新区域或基础不好的区域，导致新区域或困难区域的销售人员工作很辛苦，得到的回报却远远不如有区域基础的同事，长此以往，团队就会出现大问题。

华为采用的就是过程激励的方式，将销售分为 4 个阶段：认识客户、和客户互动、产品为客户所用、加入招标名单。按照这 4 个阶段的完成情况，给予销售人员绩效奖金。这极大地激发了销售人员接手新区域的热情，有效地避免了纯达成或提成的弊端，激发了团队工作热情。

六、保证公平和透明

不能保证公平和透明的激励，是团队分裂的导火索。激励公平是一个很实际的问题，大家实际上"不是在乎得到的有多少，而是在乎是否公平"。

对于个性鲜明的销售团队来说，不公平是团队矛盾最大的导火索。

区域难度不一样，激励的权重一样，不公平；领导给予关系好的下属更多的资源，使其更容易达成目标，不公平；领导更愿意表扬与他关系好的同事，哪怕其业绩一般，不公平；人员不好招聘，新员工的薪酬比老员工高，不公平；付出的比别人更多，得到的一样甚至更少，不公平；等等。

激励一定要事先公布，将激励的标准、算法清清楚楚地明示出来。不事先公布的激励很容易被理解为有内幕，从而失去了本来的意义。

七、更注重精神和自我成就

60 后、70 后生活在一个物资匮乏的时代，一切都需要自己创造，金钱需要是主导。

而 80 后、90 后、00 后成长于物资丰富的年代，他们有了更多的精神上和自我成就的追求，比如被认可、个人成长、个人价值体现等。

年轻一代人已经很难接受 60 后、70 后的管理方式，对"暴君式""打骂式""压迫式"管理难以接受。他们喜欢去华为、阿里巴巴、腾讯、京东等互联网大厂，因为他们可以快速成长，更早、更快地学会技能。

还有很多人愿意辞职去初创公司，因为他们有实现自我价值的机会。

八、正反激励结合

不要一谈激励，就只想到正向激励，而没有负面激励。事实上，正负激励结合才是有效的方法。有的公司学会了激励，只要员工达到要求的目标就奖励，结果进入不奖励不干活的怪圈。下面介绍不同类型的员工所需要的正负激励。

员工 a：自我成就导向型。不需要过多外力，自己有强大的内驱力，能很快实现职业目标、提高能力和待遇。

员工 b：决心小，前进动力不足，需要外力拉动和推动：拉力是即时激励的诱惑力（正向激励），推力是小的抽打力（反向激励）。

员工 c：接近于不动。需要外力拉动和推动：拉力是即时激励的诱惑力（正向激励）；推力是大铁棒似的击打力，自我前进力越小，铁棒的击打力越大。

员工 d：对企业没有贡献，只是在消耗企业的资源。这种情况，可以选择放弃此类员工。

正向激励：关心、指导、培训、沟通、劝说、提醒、奖励（过程即时激励、提薪、晋级）。

反向激励：冲突处理、强制、警告、处罚——热炉规则与训导技能、降级、降薪、开除。

正反激励力是合在一起让对方改变的力量，自身正向力量多，反向力量就会少；自身正向力量少，那么反向力量就会多。正反力量都要有，要保持均衡。

正向激励力量会激起团队的感激、感恩等，是团队建设的强大黏合剂；

但若只有正向力量，则有可能陷入"老好人"的处境。反向力量累积多了，又会激起团队的反感、反抗等，不利于团队建设。

九、与目标、策略、方法配合

激励要与目标、策略、方法配合起来才能发挥最大效力。

激励不是万能的，只是让销售团队达到销售目标的方法之一，并不是有了激励方式，就不需要目标、策略、方法等。尤其是过程管理，恰恰是通过激励让销售团队加强对目标分解与设定、策略、模式、方法等的摸索和使用。比如销售的达成与目标分解息息相关，月目标 300 万元，如何将激励与结果、过程激励相结合？

首先盘点客户，将目标分配到客户身上。每个客户的销售体量是多少；100 万元的目标客户有几家，50 万元的有几家，20 万~30 万元的有几家；哪些客户是增长的重点，可以分别增加多少才能达到 500 万元；针对这些客户，分别用什么样的策略来打开市场；产品和促销怎么来组合。

将销售目标继续分解为过程指标。

To B 业务可以分解为：搜集多少潜在客户、打多少电话、拜访多少家客户、多少家客户送了样品、邀请多少客户访厂、签约多少家客户等。

再继续分解过程指标到每一天的工作计划。

搜集客户信息：×× 日、×× 日……

×× 日，电话约访几个客户，陌生拜访几个客户，洽谈几个客户，邀请访厂几个客户、签约几个客户，金额 ×× 万元。

以此类推……

这些都可以设为过程激励指标。

To C 业务可以分解为：经销商点库存多少次、各类促销活动多少场、谈下多少堆头、多少冰柜陈列、多少广告位、多少支持人员到位等，都可以设为关键过程指标。

以上工作做完后，可以从中提炼关键的过程指标，比如团队的点库存完成情况、促销计划制订完成情况、订单计算完成情况、回款金额完成情况等，然后再辅以有效的结果和过程激励方案，才会得到最好的销售结果。

◉ 第二节　销售激励的核心内容

针对哪些指标激励？如何激励？如何确保符合前面的激励核心规律？结合企业自身的资源、销售模式制定一套行之有效的激励方式，这是激励的核心内容。

一、讲究仪式感

一场有仪式感的激励可以让团队感受到公司的重视，从而激发员工内心的无穷斗志。

大型销售激励、PK 的启动或发放环节需要仪式感。对于 PK 胜出者，除现金奖励外，还要利用好荣誉激励和士气鼓动。具体做法包括：

启动会、口号、起战队名字、为 PK 战役起名字等，凡是能提振士气的都可以用。

在 PK 过程中，要注意合理运用信息透露策略来激发对方的竞争热情，比如随时通报每个战队的业绩、客户获得情况，传递一些某战队战胜对方的"豪言壮语"等。

庆功会的召开也必不可少，分享总结、领导鼓励、奖励发放、荣誉证书颁发、庆功酒等，同样能增加仪式感。

但要注意的是，PK 的频率不可太频繁，如果太频繁，士气不会长久，反而会增加团队的懈怠感，最好每隔一段周期进行一次 PK。

二、结果激励与过程激励的结合

通常采用的工资标准是 ××% 的基本工资 +××% 的绩效考核（或者提成）+××% 的年终奖励（或季度考核）三大部分。

绩效考核包含业绩达成和过程考核。一般来讲，比例根据企业规模或销售模式的进程不同而变化。

初创期企业销售目标不容易制定，也没有规律，难以采用绩效达成制，多以提成制为主，低底薪高提成，没有过程考核，如果产品力强，那么很容易激发员工的销售热情。

成熟期的企业品牌力、产品力比较强大，渠道和客户规模有了一定的基础，更讲求销售的质量，多采用绩效考核制和过程考核制。过程指标如开发新客户数量、堆头数量等，随着营销策略和阶段的不同而随时调整，但考核指标不宜过多，2~3 个为佳。

工资标准的三大部分比例可以在创业期的 40%、40%、20% 到成熟期的60%、30%、10% 之间波动。

过程激励可以放到薪酬的考核里，也可以放到额外的日常激励中使用，这样会更灵活，可以随时根据销售进程或单独的销售战役施加，也可以随时撤销。

工资薪酬里的激励与日常的过程激励相互弥补。如果工资薪酬的激励不足，可以施加日常的过程激励来弥补，共同达成对员工行为的激励。

三、有些过程指标只实行负激励

在管理中，受限于 KPI 管理的局限性，对于管理指标，有些适用于只有奖励没有处罚，有些适用于有奖有罚，而有些适用于只罚不奖。

对于某些关键指标无法施加激励，但又必须保证基本要求的情况，可以采用只扣罚、不奖励的方式。例如，要求员工拜访常规老客户的次数必须达到每月几次，那么就可以设立一定的指标量，多了没奖励，少了会处罚。

四、日常多做过程激励

一个企业的成功是无数个正确的行为累加的结果。

管理者一定要针对员工行为、具体动作做出对或错的强化，即时奖励或处罚，管理者一定要在每一次的过程管理中重申这种要求。不做奖励也不做处罚，是不可取的管理方式。

（一）预先设定一些关键行为

预先设定一些关键行为，尤其是与核心技能有关的行为，可参见前文渠道管理中的各技能分解出的行为。过程激励最好要配合关键渠道管理模式和技能的推行进行，不要随意启动。

（二）启动过程的奖惩激励，需要遵循热炉规则

对于奖励或处罚的行为，一定要预先告知，让全体人员知晓并理解。

行为的奖惩不特意针对任何人，无论是谁，只要符合行为的标准，一视同仁，不会因为之前得到奖励或犯过错误就因人而异，上一次行为不影响以后的行为评价。

行为的奖惩是即时进行的，不要拖延时间，时间拖延得越久，效力越低。

约定奖励或处罚只针对行为，事先不知道会轮到谁。对的行为不奖，只处罚错误，容易让团队成员寒心，造成干得多、错得多、罚得多的结果。

（三）奖励处罚需要注意比例

应特别注意控制奖罚数量和金额，建议控制在 2：1 左右（或其他适当比例），这样有利于建立"不是为了罚而罚"的企业文化。

（四）采用"处罚倒数后三名"法则

这个法则在处理群体性行为上非常有效。后 3 名法则并非指 3 个，有时会泛指总数的 1/3，也可根据情况而定。

处罚管理不是为了处罚而处罚，是为了让团队认识到自身的不合理行为并改进。管理最忌讳一次性处理所有人，所谓法不责众，采用这个法则，即便是绝大多数人做错了，也可以作出有效惩罚以警醒团队。团队管理也忌讳管理者有意识地针对某些员工，采用这个法则，可以让所有人认识到管理者并没有预先针对谁，谁排在后三名，只能是自身原因，排除了管理者的主观因素。

有趣的是，没有人知道谁会成为最后三名，所以都不敢在出了问题之后不做改变。

（五）过程奖惩原则

过程处罚三次法则：第一次告知、第二次警告、第三次直接处罚。

过程奖励三原则：你做，别人不做，奖；你做得快，别人做得慢，奖；你做得好，别人做得不好，奖（做得好指的是行为正确，并非单纯指结果）。

（六）学会利用会议传播奖惩价值观

学会利用晨会、周会、月会、年会等有利时机来传播上述奖惩价值观，让团队知晓奖惩的依据。

管理者可以在企业会议中加入以下工作。

（1）管理者公布关键指标每日排名，或者关键技能、模式的行为排名，并着重表扬前几名（一般1/3比例），着重批评后几名（一般1/3比例）。这一点非常重要，很多管理者容易忽视。管理者对于员工关键指标的好与坏的评价必须明确，绝不能含糊。

（2）业务部门：对截至当日每个人销售额的达成情况排名和关键行为排名进行宣读，并对第一名和最后一名分别进行表扬和批评，员工鼓掌以示鼓励。

（3）非业务部门：管理者可以采用其他指标。

（4）员工汇报时，即便员工自己表述不清，管理者也要抓住关键行为进行肯定和表扬。

（5）尤其注意员工日常动作与管理者近期强调的哪些关键工作要求相符合，要不吝奖励；哪些行为与工作要求背道而驰，要严厉批评与处罚。

会议是管理者讲解上述奖惩原则的最佳时机。

（七）运用心理定格

让团队看到公司的未来，给员工机遇，提高员工的兴趣。没有人愿意在看不到未来的平台上挣扎，公司有未来，员工的未来才会有保障。

对于中小企业来说，度过初期的部分优势（如低成本）带来的"野蛮成长"后，增速会变缓或下滑，企业的未来在员工看来未必一片光明。要真正确保公司产品线的核心竞争力，加强市场部和研发部的建设，不断创新，开发新产品，并在市场上取得成功。产品有前途，企业才真正有前途。

当开发出的新产品能够不断成功时，意味着公司打造的大平台前途光明，要不断强调"平台的光明未来"，给人一种"平台能够给所有人带来机遇"的心理定格。在这个有无限机会的平台上，有无数提高技能的机会，个人可以尽情施展，不断提高自己的技能。

不断强调这个社会是凭借个人能力战胜别人以寻求发展的时代，如果不想被打败，就必须面对各种问题、迎接各种挑战，不断提升自己。

利用职业生涯规划来建立每个岗位人员的未来心理定格。

（八）运用标杆的力量，树立正面行为标杆

"眼见为实，耳听为虚。"再也没有比自己真正看到技能推行带来的变化更有说服力的行为。

寻找值得培养也愿意接受调整的人作为标杆进行培养，将寻找标准公开发布，接受公开报名。选定标杆后，要着重对其进行讲解，手把手地指导其制定解决方案并执行。要提前沟通自己的训练风格，尤其是面临错误时我们会采取的严厉态度，确保其真正愿意接受训练。

针对标杆对的行为，要毫不吝啬地奖励。对于错的行为，也要严厉处罚，要不定期做心理辅导和职业生涯的引导来减少其负面情绪。

要时不时地将标杆的前后变化做对比，公开向所有人描述。这种变化包含着标杆员工行为改变的对比，绝不能仅是结果的对比。

通过各种调整，有些员工会做出改变，但是仍然有一部分员工不愿意改变。改变他们是管理者的责任之一，只是要花费的精力不同。对待这部分人，要认真、公开训导，指出其行为的不当之处，与其他员工的优异行为做比较，鼓励其改进。在训导过程中，我们要不断鼓励他们改掉缺点，同时表扬他们的个性优点，确保在行为上做到一视同仁。

将长期没有进步的人立为负面标杆，警示其他人。要不断强调是行为的负面标杆，不涉及人品和性格，对其性格中的优点进行表扬，注意区别行为与性格。可以运用降级降薪手段来惩罚，但这部分员工即便离开岗位和公司，也要强调其是因为工作方式不适合公司，并非人品不好。

关于过程奖励特别需要注意一点，不要总说是工作职责所在，过程奖励三原则非常重要，要随时激励团队成员去强化具体行为。

五、PK 是重要激励手段

PK 是激发销售团队士气和行为最好的手段。PK 可能也是成本最低的激励方式，毕竟 PK 只奖励优胜者，落败者毫无怨言。

PK 的主题有很多，比如重头戏的业绩 PK、客户开发 PK、地推铺货 PK、陌生拜访 PK、回款 PK、增长额 PK 等。PK 可以采用单对单的个人对决，可以是区域对区域的团队对决，也可以是排名方式的对决。

阿里巴巴"中供铁军"的 PK 文化在阿里巴巴的发展史上功不可没，通过一次又一次的区域 PK、"百团大战"、南北大 PK，培养了一位又一位销售冠军。

每年的 3 月、6 月、9 月、12 月是阿里巴巴"中供铁军"的"大战"月份，大区与大区、主管与主管、个人与个人，轮番进行各种 PK。PK 激起了团队的血性，激发出团队超乎寻常的力量。除了奖金，更重要的是荣誉和面子，而销售团队如同军队一般，是最注重荣誉和面子的一群人。

六、月度竞赛排名激励

每月设定某一目标，进行团队比赛排名，优胜者获得奖励。比如销售额竞赛、客户开发竞赛、增长额竞赛、陈列竞赛、地推铺货竞赛等。

目标的难度不要过高，否则会适得其反。过高的目标运用挑战奖设立模式。要注意目标制定的公平性，在相对公平的基础上进行竞赛，否则会适得其反。

用于奖励的金额一定要大于处罚金额，设置奖励获得门槛和处罚免除原则。以下是两个公司的激励方案。

×× 公司流通部经销业务团队、KA 部业务团队

× 月份激励方案

一、目的

为鼓励流通部经销业务团队、KA 部业务团队以积极达成目标为己任！奖励优秀者，鞭策落后者，特制定此方案。

二、职责分工

1. 流通部、KA 部负责目标达成。

2. 人事行政部负责激励方案的拟订及解释，奖金的核算。

3. 财务部负责各项数据的提供。

4. 总经办负责审核方案及监督整个过程，审核最终结果。

三、激励方式

1. 销售额目标达成率排名激励（以所签目标责任为标准）。

2. 流通、KA 合并考核进行激励，适用于 KA 部各系统主管，流通部各区域主管及做经销商管理的销售代表。

3. 排名计算标准如下。

（1）若上月达成率在 50% 以下，则在核算奖励时要将上月未完成的销售额与本月销售额目标相加得出本月参与激励的目标金额。

（2）权重系数设定：目标为 70 万元的权重为 1，大于 70 万元为 1.1，小于 70 万元大于 20 万元为 0.77，小于等于 20 万元为 0.65。

（3）计算如例：某区域目标 50 万元，达成率 120%，权重值为 0.77，则计算值为 120%×0.77=92.4%。

4. 激励标准（奖金＋荣誉证书）见表 9-1。

表 9-1　激励标准

奖励	奖励金额/元	获取奖励最低资格	负激励	负激励金额/元	免于处罚条件
第 1 名	1500		倒数第 1 名	500	
第 2 名	800	1. 销售额达成率不低于 80% 2. 销售额增长率不低于 10% 3. 销售额达成率的排名在前 6 名	倒数第 2 名	400	销售额达成率高于 70% 且去年同期增长率不低于 15%，则免于处罚
第 3 名	600		倒数第 3 名	300	
第 4 名	300		倒数第 4 名	200	
第 5 名	200		倒数第 5 名	100	
第 6 名	100		倒数第 6 名	100	

四、激励兑现

1. 奖励将在次月月度会议上兑现，颁发奖金及证书。因奖励所增加的个人所得税由公司承担。

2. 处罚将公布处罚结果，在月会上做检讨，处罚金将直接从当月工资中扣除。

五、其他

1. 员工如对数据有异议，可在数据公布后 2 个工作日内到人事行政部申诉，超过 2 个工作日则视为无异议。

2. 本激励方案自 ×××× 年 ×× 月起执行，取消执行时间另行通知。

3. 本激励方案最终解释权归 ×× 公司所有。

×× 公司终端门店业务团队
×× 月份激励方案

一、目的

激励流通部终端门店业务团队积极拜访客户，并着重于达成订单。

二、部门职责分工

1. 流通部负责拜访客户，提供拜访客户卡与成交单据并统计数据。

2. 市场部稽核负责稽核真实性。

3. 人事行政部负责激励方案的拟订及解释，奖金的核算。

4. 总经办负责审核方案及监督整个过程，审核最终结果。

三、激励方式

1. 奖励指标门店拜访量及订单转化率排名激励。

2. 适用于流通部负责终端门店的业务。

3. 排名计算标准如下。

门店拜访数除以 100 加订单转化率之和除以 2 为排名依据，各占 50% 权重。

公式：以 400 次基准目标，拜访次数 / 400×100%×50%+ 订单转化率 × 50%

举例：某人 500 次拜访，订单转化率 70%，计算结果为 500/400×

100%×50%+70%×50%=97.5%。

4. 激励标准见表9-2。

表9-2 激励标准

奖励	奖励金额 / 元	获取奖励最低资格	负激励	负激励金额 / 元	免于处罚条件
第1名	500	门店拜访数超过320次/月。订单转化率超过50%	倒数第1名	200	订单转化率高于40%
第2名	200		倒数第2名	100	

四、激励兑现

1. 奖励将在次月月度会议上兑现，颁发奖金及证书。因奖励所增加的个人所得税由公司承担。

2. 处罚将公布处罚结果，在月会上做检讨，处罚金将直接从当月工资中扣除。

五、其他

1. 员工如对数据有异议，可在数据公布2个工作日内到人事行政部申诉，超过2个工作日则视为无异议。

2. 本激励方案自××××年××月起执行，取消执行时间另行通知。

3. 本激励方案最终解释权归××公司所有。

七、为单独重要项目设立激励

在销售进程的某些阶段经常会进行一些重要的活动，比如铺货、户外活动、关键客户开发、销售达标奖励等，可以为此设立单独的激励，以激励团队努力拼搏。

八、进行荣誉激励

经销商开户奖励政策见表9-3。

表 9-3 经销商开户奖励政策

一、经销商开户奖励			
奖励标准	预估开户数	预估金额/万元	费比
经销商开户奖： 1. 经理：开户 3 户以上，奖励 1000 元/户，超 1 户，奖励 2000 元。 2. 主管/业代：开户 2 户以上（不含 2 户），如果由中间人介绍，给予其中介费 1000 元；开 1 户奖励 1000 元，超 1 户奖励 2000 元，超 2 户以上，每户奖励 3000 元。 3. 开户时间要求：6 月 21 日前	11	11000	0.49%
二、售点开户奖励			
奖励标准	户数	预估金额/万元	费比
1. 业代：小店 100% 达标每户奖励 5 元，80% 达标，每户奖励 4 元，60% 达标每户奖励 3 元，低于 60%，没有奖励	5304	26520	1.2%
2. 业代：餐饮店 100% 达标每户奖励 15 元，80% 达标，每户奖励 12 元，60% 达标每户奖励 10 元，低于 60%，没有奖励	1526	22890	1.01%
三、团队整体销售激励			
奖励标准		预估金额/万元	费比
整体销售 18300 箱以上，奖励 1 元/箱		18300	0.8%

第十章

渠道管理的保障：
稽核

稽核是渠道管理中的最后一环，肩负着对公司所有策略、资源、工作标准落地的把关的重任，非常重要。

销售团队有意或无意的疏忽、错误等都会对销售的正确执行产生较大的影响。设立高效的稽核团队的目的是依照事先制定的标准进行检查，并将与标准不符的结果形成报告汇报给管理层，方便其进行相应的改进和处罚。

本章以快消品的 KA 门店稽核为例展开较为详细的介绍。

◉ 第一节　稽核的职责

一、稽核标准

（1）依照事先确定好的标准，对销售工作的落地和资源、费用投放的真实情况进行检查。

（2）针对不合格的进行处罚。

二、核心工作

稽核的主要工作是对市场进行检核，对照标准，找出差异，反馈给管理层，追踪整改等。

（一）检查工作，并进行汇报

根据以下各项标准严格进行相关工作。

（1）稽核公司产品、价格的异常状况，并进行分析，反馈至相关部门以进行改进。

（2）稽核公司的促销活动执行情况，并进行分析，反馈至相关部门以进行改进。

（3）稽核公司与竞品的广告宣传、终端形象情况，并进行分析，反馈至相关部门以进行改进。

（4）稽核公司的渠道状况、生动化陈列情况，并进行分析，反馈至相关部门以进行改进。

（5）稽核店内的特殊陈列情况，并进行分析，反馈至相关部门以进行改进。

（6）稽核销售人员工作状况，并进行分析，反馈至相关部门以进行改进。

（7）调查竞品的市场现状，并进行分析，反馈至相关部门以进行改进。

（8）分别记录 2~3 位消费者的购买行为。

（9）其他的稽核事项。

（二）整改工作

（1）制订稽核计划和稽核总结。

（2）制定并执行相应的整改安排。

三、组织架构与主要职责

（一）组织架构

组织架构如图 10-1 所示。

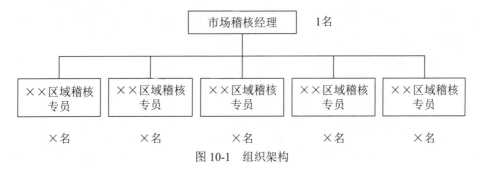

图 10-1　组织架构

（二）岗位职责

1.稽核经理

（1）管理并激励稽核专员，解决稽核部的行政事宜。

（2）负责制订稽核月计划、周计划，并审核各区稽核专员计划的准确性；搜集产品、价格、渠道、促销的计划，并编制到月计划、周计划、日计划中，下发给稽核专员。

（3）负责汇总各区的月总结、周总结、日总结，并进行汇总分析，将结果反馈至相关部门，并持续追踪。

（4）对追踪结果进行持续汇报，直至改善。

（5）负责对稽核专员的工作做抽查。

（6）不断与稽核专员沟通，解决稽核中出现的问题。

（7）建立稽核档案管理制度。

（8）公司交代的其他事宜。

（9）资格要求如下。

①精通办公软件：Word、Excel、PowerPoint。

②大专以上学历，具有市场营销知识。

③工作诚实、严谨、细致、规范。

④能严格保密，不得泄露稽核人员的资料、稽核工作的安排。

⑤具有较强的决策、分析、公关、协调沟通能力。

2. 稽核专员

（1）制订本区域稽核月、周计划、日计划。

（2）负责本区的月总结、周总结、日总结，并进行汇总分析，将结果反馈稽核经理。

（3）市场稽核。

（4）不断与稽核经理沟通，解决稽核中出现的问题。

（5）建立本区稽核档案管理制度。

（6）公司交代的其他事宜。

（7）资格要求如下。

①精通办公软件：Word、Excel、PowerPoint。

②大专以上学历，具有市场营销知识。

③工作诚实、严谨、细致、规范。

④能严格保密，不得泄露稽核人员的资料、稽核工作的安排。

⑤具有较强的决策、分析、公关、协调沟通能力。

◉ 第二节　核心技能分解

核心技能包括店内检查、店外检查、市场稽核卡的建立、制订稽核计划与总结。

稽核的工作分为店外的工作稽核、店内的工作稽核、建立稽核卡，以及制订稽核计划与稽核总结等重要工作。

一、店内检查

（一）产品

（1）检查品项数：是否缺少品项，缺哪些品项；集中陈列情况；陈列方式。此三项为常规记录项，不论是否异常，都做记录。

（2）检查产品包装破损状况，并记录数量。此项为异常项记录。

（3）检查产品包装清洁度：如若脏损，用随身抹布擦拭干净。此项为异常项记录。

（4）检查新产品：本品新产品是否已入店，竞品的新产品状况（详细记录信息，购买样品），有规划的产品不论是否异常都必须记录体现。

（5）检查排面数、陈列位置：整体排面数有无变化，变化情况如何；重点产品、新产品的排面数、陈列位置，其与标杆竞品的对比；竞品的排面数。主要关注竞品的陈列位置及排面数记录（陈列位置：比如有 5 层冷柜，底层为第一层，从下往上数第三层，4 个排面，记录为 4-3/5）。此项根据规划进行，如果有规划，则不论是否异常，都要根据实际情况记录，并与规划进行比较。

（6）检查生产批号：产品的生产日期警戒情况如何，黄色与红色警戒的数量有多少（产品批号的警戒线管理：第 1/3 时间段为正常，第 2/3 段为黄色警戒，最后 1/3 段为红色警戒，剩余 5 天为最危级别）；先进先出情况如何。此项每次抽检 3~5 个产品，做常规记录。

（7）货架脏污之处，擦拭干净。

（二）价格

（1）检查产品的正常售价（并非特价）与公司的建议零售价是否一致；只记录异常品项，按实际状况记录。

（2）检查价格标签是否齐全，价签的清晰度、清洁度如何；标识是否有错误；按实际状况记录。只记录异常情况。

（3）检查重点竞品的价格情况，建立竞品价格表并附在后面。只记录异常状况。

（三）特殊陈列

只要有规划，不管异常与否，此项必须进行实际情况记录。

（1）有无已经申请或计划的特殊陈列。

（2）位置是否与申请一致，面积（尺寸）是否相符，上面放置的产品是否一致。

（3）陈列的形象布置与广告宣传是否完好、整洁。

（4）竞品的特殊陈列情况。

（四）店外与店内的广告宣传物

只要有规划的广告宣传物，不管异常与否，此项必须进行实际情况记录。

（1）是否与规划一致。

（2）内容、位置有无异常。

（3）尺寸有无异常。

（4）是否整洁、整齐。

（5）竞品的情况（位置、尺寸、内容、数量）。

（6）建立本 / 竞品的资料，整理为常规附件，记录变更情况。

（五）促销活动

只要有规划的，不管异常与否，根据活动所涉及项，此项必须按实际情况记录。

（1）促销活动是否按照计划执行。

（2）促销活动时间：是否一致，具体活动时间什么时候；是缩短促销活动时间还是增加活动时间；变化了多长时间。

（3）促销活动的方式：是否一致；实际的活动方式是什么；是完全变更还是部分变更；活动方式比规划的力度要大还是小。

（4）促销活动的广告宣传：有无；内容；整洁清晰度。

（5）促销活动价格标签：有无；整洁清晰度。

（6）促销活动特殊陈列情况：有无；位置、面积、上面陈列的产品是否与规划一致。

（7）促销活动配备的促销员：与规划相比较有无，人数是多少；服装仪表、面部表情、工作是否积极，活动话术、动作是否规范。

（8）促销道具的使用：是否规范；摆放是否合理；整齐、整洁度。

（9）陈列产品品项是否一致；产品货量是否充足。

（10）陈列是否规范。

（11）促销现场是否清洁、整齐。

（12）促销活动的地点：是否与规划一致，具体位置。

（13）促销赠品发放记录的规范性。

（14）竞品的促销活动记录：目的、主题、方式、时间、配备广告宣传及海报内容、配备特殊陈列、有无促销人员及数量。

（六）消费行为记录

不论是否异常，此项必须根据实际情况进行记录。

（1）分别记录2~3位消费者的产品购买行为：从接近、搜寻、比较到购买完毕的全过程，详细记录。

（2）咨询消费者购买用途及使用方法，购买选定产品的原因。

二、店外检查行为

根据投放的户外广告，实地核查是否投放、尺寸大小、内容、投放数量及质量情况、色彩、整洁度、破损度、结构等。

三、要求不断完善

（1）建立本/竞品在每一家店的 SKU、价格、广告宣传档案，先建立重点卖场，再建立重要度低的其他超市。

（2）如果有异常，则记录完成后，一定要与规划标准进行比较，对差异情况做出比对说明。

（3）在现场立即做出纠正，并要求销售人员签字确认。

（4）稽核专员每日 9:00 必须到第一家卖场，定位并拍照报考勤，到达卖场后由销售人员签字确认。

四、市场稽核卡的建立

（一）目的

（1）用于现场稽核记录。

（2）完善稽核计划、路线、总结。

（3）用于检查稽核真实情况。

（二）稽核卡组件

（1）月计划、周计划、日计划。

（2）稽核路线图。

（3）稽核超市明细。

（4）店内 SKU 明细（本/竞品）。

（5）新品进店明细表。

（6）建议零售价格表（本/竞品）。

（7）稽核期间的促销活动计划。

（8）稽核期间的特殊陈列计划。

（9）稽核期间的媒体广宣状况（本/竞品）。

（10）某些（重点品、新产品、改善产品）产品生动化陈列要求。

（11）上市新产品、重点关注产品及其竞品的搜集要求。

（12）稽核记录标准卡。

（13）稽核记录表。

（三）稽核卡使用方式

（1）以路线进行管理，每条路线附相应的超市明细。采用一线一夹方式管理。

（2）对照稽核记录标准卡的内容项，逐一检查，参照各项标准，将异常项记录在检查表内。

（四）解释

（1）稽核卡：为了更好地稽核市场，由稽核人员建立稽核卡，反映稽核情况的资料。

（2）地略图：标明客户位置、稽核路线的地形图。

（五）职责

（1）稽核资料卡由稽核专员建立与填写。

（2）主管督导稽核卡的建立与填写。

（六）稽核卡制作标准

（1）外形：文件夹。

（2）尺寸：采用标准文件夹。

（3）封面：如图 10-2 所示。

上半部：集团标志与公司名称。

图案与字体：选用 CIS 统一标准。

（4）侧脊：如图 10-2 所示。

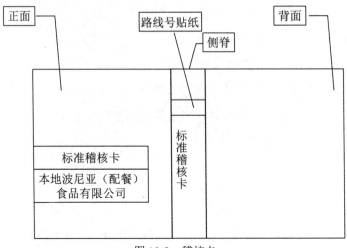

图 10-2　稽核卡

（七）稽核路线图

稽核路线图见图 10-3。

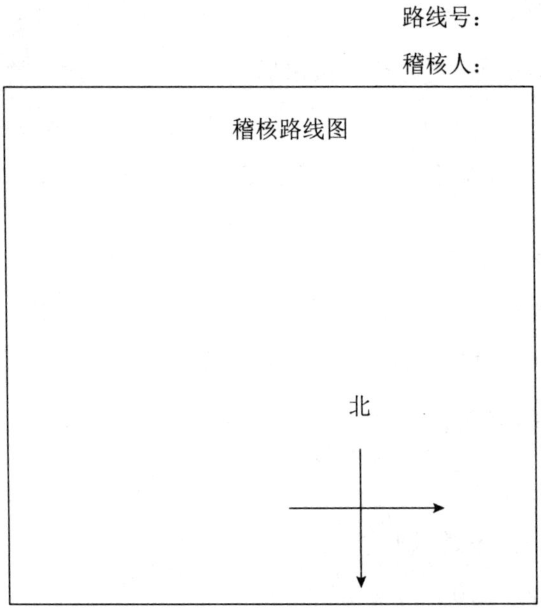

路线号：

稽核人：

稽核路线图

北

图 10-3　稽核路线图

备注如下。

（1）稽核路线图根据地图手绘而成，标注超市点所在位置、周围的街道、公交车站、路线，并注明超市与超市之间的乘车车次。

（2）稽核路线图每三个月核改一次。

（八）稽核路线卡

稽核路线卡见表 10-1。

表 10-1　稽核路线卡

路线号：

序号	名称	地址	销售人员数量	稽核频率	级别	类别	备注

五、制订稽核计划与总结

稽核原则：每家店的稽核频率（每月稽核次数）并不相同，根据店的重要程度、稽核不规范项的严重程度设定每月的不同稽核频率。

（一）月计划（严格保密）：以区域、路线进行计划

1. 稽核专员

（1）常规稽核项每月都进行。

（2）稽核经理根据推广产品重点、促销计划、媒介计划、新产品计划、本月其他稽核重点等制订月稽核计划。

（3）对上月追踪事宜列入持续追踪计划。

（4）稽核路线计划（严格保密）。

（5）将本月稽核家数及相应稽核频率计划分解到每一周。

2. 稽核经理

做出各区域计划月汇总。

（二）月总结：以区域（办事处）进行总结

1. 稽核专员

（1）总结稽核结果，对不规范项进行统计并做出数字量化。

（2）总结工作执行中的不足项，并做出改进方案。

（3）总结稽核家数及频率达成状况，并做出差异分析及改进策略。

2. 稽核经理

做出各区域汇总，统计各区域的不规范项占比情况，整体改进状况统计。

（三）周计划

1. 稽核专员

（1）根据月计划分解稽核重点项。

（2）上周未完成稽核项加入。

（3）稽核追踪项加入。

（4）新的稽核重点项加入。

（5）计划本周稽核路线及频率，并分解至每一天，明确每家店的稽核重点项。

2. 稽核经理

做出各区域计划汇总，整体改进状况统计。

（四）周总结：以区域（办事处）进行总结

1. 稽核专员

（1）总结稽核结果，对不规范项进行统计，并记录数字及改进情况。

（2）总结稽核家数及频率达成状况，并做差异分析，制定改进策略。

（3）总结工作执行中的不足项，并做出改进方案。

2. 稽核经理

做出各区域汇总，统计各区域的不规范项占比情况及整体改进状况。

（五）日计划

1. 稽核专员

根据周计划分解的今日稽核家数与稽核新重点家及项目规划明日稽核店，并明确稽核重点项。

2. 稽核经理

做出稽核家数及重点项区域整体汇总，并附各区域的计划，一并上报。

（六）日总结

1. 稽核专员

稽核专员日总结是总结每店的稽核具体情况，本日规划家数达成情况及差异分析、改进策略，统计区域的产品品项准确率、新品执行率、价格异常率、价签准确率、促销执行率、促销执行准确率、广宣执行率、广宣执行准确率、特陈执行率、特陈执行准确率。

2. 稽核经理

（1）做出各区域整体汇总稽核家数达成报告及重点项表现情况。

（2）对不规范项分别汇总，并分别反馈给各区域、各部门进行整改；汇总各区域的统计数字。

（3）反馈给销售部，并就整改进度进行沟通，进行持续追踪。

（4）涉及职能部门的汇总，反馈至与职能部门对接的本部门相关人员，就改进进度达成一致，并进行追踪。

（七）统计指标

1. 达成指标

家数查核达成率 = 实际查核家数 / 计划查核家数 ×100%

次数查核达成率 = 实际查核次数 / 计划查核次数 ×100%

2. 日统计指标

日品项准确率＝品项数正确家数（今日稽核）／今日稽核家数 ×100%

日新品执行率＝新品实际入店（今日稽核）／今日稽核中应该入店家数 × 100%

日价格异常率＝价格异常家数（今日稽核）／今日稽核家数 ×100%

价格异常：在正常建议零售价 ±5% 以外的

日价签准确率＝今日价签正确的家数（今日查核）／今日查核总家数 × 100%

日促销执行率＝实际执行家数（今日查核）／今日查核店中计划举办的 家数 ×100%

日促销执行准确率＝执行准确的家数（今日查核）／今日查核店中计划举 办的家数 ×100%

日广宣执行率＝实际执行家数（今日查核）／今日查核店中计划举办的 家数 ×100%

日广宣执行准确率＝执行准确的家数（今日查核）／今日查核店中计划 举办的家数 ×100%

日特陈执行率＝实际执行家数（今日查核）／今日查核店中计划举办的 家数 ×100%

日特陈执行准确率＝执行准确的家数（今日查核）／今日查核店中计划 举办的家数 ×100%

3. 周统计指标

本周重复查核的店只算作 1 家计算，计算方式同日统计指标。

4. 月统计指标

本月重复查核的店只算作 1 家计算，计算方式同日统计指标。

◉ 第三节　制定工作流程

一、月工作流程

（1）每月在销售会议时召开月总结及计划会议，准备上月稽核汇报及下月稽核计划。

（2）每3个月对本市外县及外埠人员进行轮岗调换。

二、周工作流程

周工作流程见表10-2。

表 10-2　周工作流程

周一	周二	周三	周四	周五
1. 周总结与计划会。 2. 外地（含本地郊县）稽核员为每两周参加。 3. 本地市内为每周一次票据等行政行为处理	1. 稽核。 2. 做日稽核报告及明日计划并回传公司	1. 稽核。 2. 做日稽核报告及明日计划并回传公司	1. 稽核。 2. 做日稽核报告及明日计划并回传公司	1. 稽核。 2. 做日稽核报告及明日计划并回传公司。 3. 稽核经理将周促销、媒体、稽核重点产品计划、特殊陈列计划、新产品、重点竞品等情况汇总，作为下周稽核重点下发
备注	1.《稽核日报》。 2.《周稽核总结及计划》。 3. 稽核经理每周进行本地市内抽检。 4. 根据出差时间具体再调整			

三、日工作流程

稽核专员日工作流程见表10-3。

表 10-3　稽核专员日工作流程

时间	工作流程	工作流程
	工作准备	1. 稽核路线确定，计划客户稽核计划。 2. 上级委派工作重点
9:00	稽核拜访第一家店	1. 准备稽核用具：稽核卡、笔、笔记本、路线图、抹布。 2. 记录开始时间
	稽核拜访其他店	1. 每日早上到达超市进行报到。 2. 记录到达时间。 3. 稽核。 4. 记录竞品状况。 5. 记录广告宣传（即广宣）状况。 6. 记录消费者行为。 7. 记录离开时间。 备注：一天稽核不得低于 8 家
晚上	作业	1. 做稽核日报、明日计划。 2. 反馈至公司
备注	1. 本地市内稽核员于每天早上将稽核总结、计划交与稽核经理。 2. 外地稽核专员于晚上回传。 3. 稽核经理在接到各地稽核日报后，第二日进行汇总、分析、查证，并将稽核报告签核后分发给相关部门。每日做稽核追踪，每日将追踪结果进行汇报，直至改善	

稽核经理日工作流程见表 10-4。

表 10-4 稽核经理日工作流程

时间	工作流程	工作内容
8:30	早会	1. 早会上汇总产品、促销、媒体有关稽核的新重点。 2. 会后及时反馈到稽核专员处
9:30	汇总、分析昨日稽核日报	1. 追踪、汇总昨日稽核日报，并进行分析、查证。 2. 制作稽核日报（两日 1 次）
12:00 签核完毕	签核稽核日报	稽核日报进行签核
13:00	稽核结果反馈并追踪	1. 稽核结果下发各相关部门，并追踪改善进度。 2. 其他事宜
	改善追踪报告	1. 做改善进度总结并上交。 2. 就改进事项，交与涉及的职能组、部门进行追踪改善进度。 3. 及时与各职能组进行沟通，就改进项及时下发稽核部做再次稽核追踪
备注		

四、单店稽核作业规范

单店稽核作业规范见表 10-5。

表 10-5　单店稽核作业规范

作业流程	作业说明
准备	1. 制订日稽核计划、周稽核计划。 2. 准备稽核卡。 3. 检查服装、仪容是否整洁。 4. 准备用具：稽核卡、笔记本、笔、路线图、抹布
店外稽核	1. 查看此店资料，记录到店时间。 2. 记录公司店外广宣（即"广告宣传"）状况。 3. 记录竞品店外广宣
店内稽核	1. 沿途记录广宣异常状况。 2. 详细记录产品、价格及竞品资料异常。 （1）快速核对品项、价格、价签，在单店 SKU 明细表内用铅笔勾画，价格及价签若观察到异常项立即记录到查核卡价格栏内，新产品情况立即记录在查核卡内。记录完后，通过店内 SKU 明细表，可得知品项数异常项。 （2）如果有要求记录的产品陈列位置与排面数，则详尽记录。 （3）抽检 3~5 个产品的生产批号、包装破损、清洁度。 3. 详细记录促销活动情况。 4. 详细记录特殊陈列情况。 5. 详细记录广宣陈列状况。 6. 擦拭货架、产品。 7. 观察竞品的状况。 8. 记录 2~3 名消费者购买状况。 9. 离开，沿途记录广宣状况
其他相关作业	公司安排的其他稽核任务
离开	1. 记录离开的时间。 2. 准备下家资料
备注	稽核专员不得与销售人员建立过于亲密的关系，一经发现，严肃处理

五、稽核异常项汇报处理流程

稽核异常项汇报处理流程如图 10-4 所示。

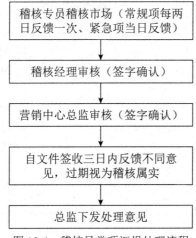

图 10-4　稽核异常项汇报处理流程

六、稽核部信息处理流程

稽核部信息收集、分析、计划、查核、汇总、审核、提交、回馈处理流程见表 10-6。

表 10-6　稽核部信息收集、分析、计划、查核、汇总、审核、提交、回馈处理流程

日期	工作流程	工作内容
月 周 日 紧急稽核申请	紧急需求申请　　　常规需求申请	1. 销售部、市场部定期分别提出各自市场稽核信息需求申请，并报营销总监审批。 2. 视实际情况，紧急提出需求申请
月 周 日 紧急稽核申请	需求分析并制订月、周、日稽核计划	1. 稽核经理与各职能部门沟通，确定执行细则。 2. 稽核经理依月、周、日计划及地区安排，将新稽核内容列入稽核规划
月 周 日	下发各稽核专员	下发相关稽核专员
月 周 日 紧急稽核申请	稽核执行、追踪	1. 稽核专员稽核过程中，在查核卡上如实记录。 2. 紧急重点项记录在查核卡重要稽核项中，或单独记录在专用表格内
	稽核专员按紧急、常规项回馈稽核日总结	稽核信息按紧急、常规项分别回传稽核经理稽核日报
	稽核经理核实、整理、分析、汇总稽核日报	稽核经理分析、查证、汇总稽核日报
	签核稽核日报	1. 每日稽核日报交市场部经理签批。 2. 异常项处理进入异常稽核信息处理流程
	异常项　　信息回馈销售部签收 进入稽核异常项处理流程	1. 按类型反馈各部门。 2. 进行追踪，对追踪结果沟通后视情况列入再次稽核项